Isabelle Prigent-Chesnel

Illustrations Lavipo

Le guide des ••• SUPER ••• GRANDS-PARENTS

Direction : Guillaume Pô
Direction éditoriale : Tatiana Delesalle
Édition : Julie Cot assistée de Sandra Lefauconnier
Direction d'ouvrage : Delphine Blétry et Séverine Charbonnel / Ediclic
Direction artistique : Chloé Eve
Mise en pages : Ambrine Angaud

Illustrations : Lavipo
Direction de fabrication : Thierry Dubus
Suivi de fabrication : Marie Guibert-Tribout
Édition n° 2 - N° d'édition : M21168
ISBN : 978-2-3170-2812-0
Code MDS : 63235N1

Achevé d'imprimer en juillet 2021 par Graphycems en Espagne

Dépôt légal : août 2021
www.mangoeditions.com

FSC www.fsc.org MIXTE Papier issu de sources responsables FSC® C007507

Ce livre s'inscrit dans une démarche écoresponsable. Il est composé de matériaux issus de forêts bien gérées, certifiées FSC® et d'autres sources contrôlées. Cette certification garantit une empreinte carbone réduite et une gestion raisonnée de la forêt, qui maintient la biodiversité et protège les écosystèmes. Il est imprimé avec des encres à base d'huile végétale. Il a été imaginé et conçu en France, et imprimé en Europe.

Retrouvez-nous sur Instagram : @mangoeditions
et sur facebook : @Mangofamillecomplice

Isabelle
Prigent-Chesnel
Illustrations Lavipo

Le guide des SUPER GRANDS-PARENTS

MANGO
éditions

SOMMAIRE

INTRODUCTION

Être grand-mère ou grand-père aujourd'hui, ce n'est plus comme avant ! Vérité de La Palice direz-vous ? Pourtant, si vous tenez ce livre entre les mains, c'est que vous le savez certes, mais que vous voulez savoir pourquoi... et comment, probablement !

La nouvelle génération de grands-parents est bien souvent incarnée par des personnes encore très actives et dynamiques, qu'il ne viendrait à l'idée de personne d'appeler « seniors » !

Pourtant, vous, et peut-être vos enfants, avez ce désir enfoui là quelque part (bon, peut-être très profondément !) de « tenir votre rôle » en étant traditionnel mais pas gnangnan, rigoureux mais amusant, disponible mais pas envahissant...

Et puis, même si vous vous sentez jeunes dans votre tête, vous vous rendez bien compte que le monde a changé ! Quand vous jetez un coup d'œil au rayon puériculture, vous avez l'impression que désormais la poussette la plus basique nécessite un bac+8 pour être manipulée correctement... Quant aux nouveaux principes éducatifs (« Ah, vous appelez cela des principes et une éducation ?! »), vous pourriez en parler des heures... avec vos amis, qui sont sur la même longueur d'onde que vous ! Parce que vos enfants... face à leurs apprentis monstres, vous ne les reconnaissez plus !

Mais bon, vous le savez bien, parce que vous êtes aussi philosophes, qu'il n'existe pas de vérité absolue en matière d'éducation ! Chaque génération impose sa vision et d'ici une trentaine d'années, ce sera au tour de vos enfants d'être complètement perdus.

En attendant, vous avez envie d'être présents, et de tisser des liens précieux avec vos petits-enfants. Devenir grands-parents n'est pas chose facile, on a envie de chouchouter, câliner, on ne veut pas être « que » baby-sitter, même si on sait bien que l'on ne doit pas trop s'impliquer dans l'éducation de ses petits-enfants… Peut-être avez-vous du mal à trouver votre place ? Soyez patients, compréhensifs et n'hésitez pas à discuter de vos craintes avec vos enfants.
Vous vous en rendrez certainement compte avec le temps, ce sera beaucoup plus zen d'être grands-parents que parents ! Aucune règle à imposer, du temps seulement pour s'amuser ! Votre rôle n'est pas d'éduquer mais d'offrir de bons moments.
Et puis vous pourrez leur transmettre votre regard sur le monde, vos idées sur l'autre et la tolérance... tout ce qui fait votre sagesse, issue de votre longue expérience !

Aujourd'hui, les grands-parents font l'unanimité : vous êtes reconnus indispensables pour l'épanouissement de vos petits-enfants – qu'ils soient biologiques ou issus d'une « recomposition familiale » – et avez un rôle important, et tellement gratifiant, à jouer !

QU'EST-CE
QU'IL T'ARRIVE ?
JE M'ENTRAÎNE
POUR ÊTRE UN SUPER
MÉGA PAPI !

BIENVENUE !

La nouvelle est tombée ? Vous allez devenir grand-parent d'ici quelques mois ! Alors, comment vous vous sentez ? Vous avez acheté ce livre pour être au top parce que vous pensez avoir besoin de quelques révisions ? Pas d'inquiétude, nous allons tout vous expliquer !

Et si vous lisez ce guide « pour vous préparer pour dans quelques années » ou « pour vous améliorer parce que ça coince parfois avec vos 5 petits-enfants... et leurs parents », vous trouverez aussi de quoi répondre à vos questions, angoisses ou interrogations.

Bonne lecture !

ÊTRE GRANDS-PARENTS AUJOURD'HUI

QUIZ
QUELLE GRAND-MÈRE QUEL GRAND-PÈRE SUIS-JE ?

Vous êtes un tout nouveau grand-parent, ou déjà (un peu) expérimenté ? Voici un petit test tout simple pour savoir à quelle espèce grand-parentale vous appartenez :

Votre fille vous apprend que vous allez être grand-parent pour la première fois dans quelques mois, comment réagissez-vous ?

A. Au secours, on devient vieux ! Je refuse ! ☐
B. Hum... C'est une grande aventure qui commence ! ☐
C. Génial, ça faisait des années que nous attendions ça ! ☐

Votre petit-fils ne fait pas ses nuits à un an :

A. Normal, ses parents sont totalement laxistes. ☐
B. Il a peut-être des problèmes de santé ? ☐
C. Ça va s'arranger en grandissant, mais en attendant, je les plains ! Je pourrais peut-être le prendre à la maison ? ☐

Votre petite-fille de 6 ans vous confie qu'elle n'a pas d'amis à l'école :

A. À son âge, on ment beaucoup. ☐
B. Visiblement ça l'inquiète, je vais en parler à ses parents. ☐
C. La pauvre chérie, je vais l'emmener au parc et obliger les autres enfants à jouer avec elle ! ☐

Votre petit-fils ado n'a plus le temps de vous rendre visite :

A. Tant mieux, ça nous fait des vacances ! ☐
B. L'adolescence est un cap compliqué, on le reverra bientôt. ☐
C. C'est affreux, je n'en dors plus depuis des semaines ! ☐

Votre fils va être papa pour la première fois à 44 ans :

A. Il ne pouvait pas y penser plus tôt ? ☐

B. Mieux vaut tard que jamais, il a rencontré l'âme sœur l'année dernière. ☐

C. J'espère que ce seront des triplés, parce que je veux plein de petits-enfants ! ☐

Vos conversations avec votre fille et votre gendre sont toujours interrompues par les cris de vos petits-enfants :

A. Évidemment, ce sont des enfants rois ! ☐

B. On a pris l'habitude ! Quand ils auront grandi, ça nous manquera. ☐

C. C'est normal, ils sont petits... Et puis je crie plus fort qu'eux quand on joue ! ☐

Vous avez quinze petits-enfants :

A. Ne m'en parlez pas, ça braille de tous les côtés à chaque réunion de famille ! ☐

B. J'ai eu cinq enfants, ils n'en ont que trois chacun en moyenne. ☐

C. J'espère que j'en aurai encore d'autres ! ☐

ET MAINTENANT, COMPTEZ LE NOMBRE DE RÉPONSES POUR CHAQUE LETTRE.

VOUS AVEZ UNE MAJORITÉ DE A :

Euh ? Vous êtes vraiment fâché d'être grand-parent ? Ce sont vos petits-enfants qui vous posent problème, ou vous avez toujours été misanthrope ? Vous avez néanmoins bien fait d'acheter ce livre, car vous allez le voir, être grand-parent, ça a (aussi) plein de bons côtés !

VOUS AVEZ UNE MAJORITÉ DE B :

Vous êtes un grand-parent réaliste et zen. Vos petits-enfants ont beaucoup de chance

VOUS AVEZ UNE MAJORITÉ DE C :

Attention, vous allez en faire des petits pourris-gâtés ! Et vos enfants risquent un jour de vous le reprocher, donc attention... Cependant, une chose est sûre, vous adorez vos petits-enfants

JE VAIS ÊTRE GRAND-PÈRE, GRAND-MÈRE POUR LA PREMIÈRE FOIS !

Vous venez d'apprendre la nouvelle

Vous êtes tellement heureux/heureuse, complètement stupéfait(e), ahuri(e) de réaliser que le temps a passé si vite...Vous pensez que c'est trop tôt ou trop tard ? Ce n'est évidemment pas votre décision, mais votre fils ou votre fille vient de vous l'annoncer : dans quelques mois, vous serez grand-mère ou grand-père pour la première fois.

Le premier effet de surprise passé, vous avez pensé à vos propres grands-parents, à vos parents quand vous leur avez annoncé que vous alliez vous-même devenir parent.

Toute une vie qui défile

Toute une vie qui défile à vitesse grand V, mais en même temps, souvent un grand point d'interrogation (au secours, on devient vieux !!!)

Grand-parent... C'est géant !

À l'annonce de la nouvelle, deux cas de figure sont possibles : vous n'attendiez que cela depuis plusieurs années, vous êtes archi-prêt ! Ou au contraire, l'idée d'être grands-parents ne vous enchante guère... Allez, haut les cœurs, le temps joue avec vous ! Non seulement vous allez vous habituer à la situation, mais on peut déjà prendre les paris : vous allez A-DO-RER vos petits-enfants !

C'est un peu la panique !

Ce petit-enfant, bien sûr je vais l'aimer, mais quel temps pourrai-je lui consacrer ? Parce que je vais encore travailler pendant plusieurs années, ou même si je suis à la retraite depuis peu, j'ai prévu une pléthore d'occupations qui remplissent largement mes semaines (et je n'ai pas du tout envie de chambouler mon emploi du temps !).

Pas d'inquiétude

Pas d'inquiétude, ce guide a pour objectif de vous aider à répondre présent, dans la mesure de vos possibilités, et à devenir de super nouveaux grands-parents !

Bien sûr, si la nouvelle vous a été transmise par téléphone parce que votre enfant s'est établi(e) à l'autre bout de la France (ou du monde !), là ce n'est pas le temps que vous (ne) pourrez (pas) passer avec cet enfant qui vous préoccupe, mais la qualité des liens que vous allez pouvoir tisser avec votre petit-enfant.

Suivez votre instinct

Restez naturel ! (c'est-à-dire souriez, mais pas de façon crispée !) L'important, ce n'est pas la (grande) distance ou le (manque de) temps, mais les bons moments que vous passerez avec lui, qui l'aideront à se constituer un stock de bons souvenirs pour plus tard.

Comment dois-je me comporter ?

Et pour l'instant, le plus important, c'est de répondre présent pour aider les futurs parents si c'est possible et s'ils le souhaitent. Avis aux mamans poules qui partageront avec leurs filles leurs envies de fraises d'il y a 30 ans, aux papas bricoleurs qui pourront donner un coup de main pour l'aménagement de la chambre du bébé et aux tricoteuses qui pourront se charger de son trousseau !

Grany, papi, manou, papili, à vous de choisir !

Au fait, si vous avez déjà évoqué avec les parents le prénom du futur bébé, avez-vous aussi pensé à comment il allait vous appeler ? Il va encore se passer du temps avant qu'il ne prononce ses premiers mots, mais c'est déjà le moment de vous projeter dans la peau de Grand-mère et Grand-père (traditionnels), Bon-papa et Bonne-maman (un brin surannés), Papi et Mamie (classiques), Pépé et Mémé (c'est terminé !).

Ce qui a la faveur des nouveaux grands-parents d'aujourd'hui, c'est souvent un composé à partir de leur prénom (Papi Paul ou Mamie Anne), plus personnalisé. Il y a aussi l'option « qu'il nous appelle par nos prénoms » *pour certains grands-parents pas encore décidés à l'être pour de bon... Mais bien entendu, c'est à vous de choisir !*

Témoignage

Annie, grand-mère de 3 petits-enfants

« Nous sommes restés très traditionnels : mon mari et moi sommes Papi et Mamie, les autres grands-parents Grand-père et Grand-mère. Parfois je me dis qu'on assume plus facilement d'être grand-parent quand on a encore ses parents. Forcément, on se sent moins vieux. »

COMMENT ÇA, LES MAMIES NE TRICOTENT PLUS ?

Et les ateliers de loisirs créatifs qui s'ouvrent à chaque coin de rue ? Cela n'a rien de ringard, bien au contraire ! C'est le moment où jamais de vous inscrire (vous pourrez y participer pendant vos pauses déjeuner) !

LES GRANDS-PARENTS AUJOURD'HUI, EN FRANCE ET DANS LE MONDE

Bien sûr, les grands-parents ont changé : les cheveux blancs (voire légèrement violets après une teinture maison ratée !), les lunettes triple foyer, mamie en train de coudre dans son fauteuil au coin du feu et papi arrosant à longueur de journée les fleurs de son jardin... Tout cela a vécu ! Aujourd'hui, les grands-parents sont jeunes et souvent encore actifs.

Être grands-parents, un vrai statut

C'est parfois difficile devenir grand-parent. Certaines femmes ne se sentent pas prêtes à assumer leur rôle de grand-mère : se sentant « trop jeunes », elles nient ce statut et refusent de se faire appeler « mamie » (ah oui, il va falloir vraiment réfléchir à un autre petit nom, parce que, quand on vous dit Mamie, vous pensez à la vôtre !). C'est vrai, les grands-parents d'aujourd'hui ont des profils très différents : il y a des grands-mères de 50 ans (voire moins !) qui travaillent, qui ont envie de vivre pour elles-mêmes, et d'autres de 80 ans qui attendent impatiemment cette naissance.

Souvent, l'envie de consacrer du temps à ses petits-enfants...

La génération du baby-boom, dont vous faites probablement partie (si vous êtes né(e) entre 1943 et 1959), a eu des enfants tôt (avant la trentaine), a beaucoup travaillé et continue souvent (l'âge du départ à la retraite reculant chaque année ou presque).

Cette génération « au travail » a laissé beaucoup d'autonomie à ses enfants (les gamins « à la clé », qui rentraient seuls de l'école et se préparaient leur dîner dans les années 1980, c'étaient les vôtres ?) et a aussi... beaucoup divorcé !

Mais ce n'est pas toujours si simple !

Plutôt logiquement, la plupart d'entre vous avez aujourd'hui très envie de vous investir auprès de vos petits-enfants, parfois un peu pour vous déculpabiliser d'avoir été un parent peu présent, mais le plus souvent, par pur plaisir, parce que vous avez du temps à leur consacrer et que vous souhaitez en profiter à fond !

Le nombre de grands-parents « professionnellement occupés » ne va faire qu'augmenter

Cependant, beaucoup d'entre vous ne pourrez peut-être pas être aussi présents que vous le souhaiteriez auprès de vos petits-enfants : le nombre de grands-parents « professionnellement occupés » ne va faire qu'augmenter dans les années à venir, en raison de l'allongement de l'âge du départ à la retraite. Et parmi les grands-parents retraités, la plupart restent très actifs ! Entre les voyages, sorties et loisirs variés, leurs agendas sont bien remplis ! (« On se voit quand ? Comment ça, aucun créneau disponible avant 6 mois ?! »).

Témoignage

Annie, grand-mère de 3 petits-enfants

« Quand on est encore en activité, on est beaucoup moins disponible. Il m'est arrivé de devoir répondre : "Non, demain, je ne peux pas remplacer la nounou" à ma fille qui m'appelait au secours. Cela renouvelle le sentiment de culpabilité que j'avais quand mes enfants étaient petits… »

Les grands-parents sont très sollicités

On sait cependant qu'en Europe, 11 % des grands-parents gardent leurs petits-enfants au quotidien, un chiffre qui peut sembler énorme, mais de fortes disparités existent suivant les pays et les cultures (voir p. 21). Le travail des femmes s'est généralisé, les divorces sont nombreux, et cela contribue au fait que les grands-parents sont très sollicités par les mamans et papas qui ont besoin de leur aide auprès des enfants.

DES LIENS DANS LA DURÉE !

Partout dans le monde, alors que l'espérance moyenne de vie augmente, le nombre de petits-enfants par grand-parent a tendance à diminuer. Cela permet aux grands-parents de tisser dans la durée des liens plus personnels avec leurs petits-enfants, et de se situer davantage dans un rôle de soutien à la fois affectif et pratique. (Hé oui, vous en prenez pour un moment !).

UN SECOND RÔLE… ÉDUCATIF

Du point de vue éducatif, les grands-parents d'aujourd'hui assurent désormais le second rôle. Une partie de l'Afrique noire continue cependant d'attribuer un rôle majeur aux grands-parents. Ce rôle est renforcé dans les pays où la forte mortalité des parents (notamment due au sida) oblige les grands-parents à prendre en charge les orphelins, ou encore quand les parents émigrent pour trouver un emploi et leur confient leurs enfants.

Témoignage

Dominique, grand-mère de 6 petits-enfants

« Les lundis, mardis et jeudis, je récupère trois de mes petits-enfants à l'école et au collège, et je surveille ensuite les devoirs. Le plus grand, en 6e, est autonome. J'aide le deuxième, en CM1, et c'est vite fait, car il a en général peu de travail à la maison. Quant à la petite dernière, en grande section, elle tient à « travailler » comme ses frères, alors je lui propose de s'entraîner à tracer des lettres. Ce sont des moments que j'aime bien, je serais même prête à en faire plus ! »

Quelques chiffres

En 2011, la France métropolitaine comptait un peu plus de 15,1 millions de grands-parents, soit 2,5 millions de plus qu'en 1999. Les grand-mères (8,9 millions) sont plus nombreuses que les grands-pères (6,2 millions) (enquête INSEE 2011).

En France, une personne sur quatre est grand-parent. Un grand-parent a en moyenne quatre petits-enfants, près du tiers ayant cinq petits-enfants. Un grand-parent sur cinq fournit une aide régulière.

D'après la Drees (Direction de la recherche, des études, de l'évaluation et des statistiques), 19 % des grands-parents sont appelés à la rescousse dans le cadre d'une organisation régulière. Ils font alors partie intégrante de la logistique familiale, soulagent les parents surmenés, leur permettent de faire des activités sans leur progéniture, voire de travailler plus !

Étude : À quel âge devient-on grand-parent en France ?

Les femmes qui sont devenues grand-mères pour la première fois en 2010 ont en moyenne 54 ans et les nouveaux grands-pères 56 ans. Ces femmes et ces hommes sont devenus parents en moyenne à 24,5 ans et 26,5 ans et l'un de leurs enfants est devenu parent à son tour en moyenne 29,5 années plus tard.

En France, on devient grand-parent plus tard qu'auparavant. En 1998, l'âge moyen des nouvelles grands-mères était de 51,5 ans, et celui des nouveaux grands-pères de 53,5 ans, soit 2,5 ans de moins qu'en 2010 (enquête INSEE 2011).

Qui garde les petits-enfants ?

Une étude sur la « grand-parentalité » dans 12 pays de l'Union européenne, publiée par l'université Paris-Dauphine, révèle que « dans l'ensemble, les grands-parents des pays européens étudiés s'occupent beaucoup de leurs petits-enfants ». *Pour autant,* « il y a des variations frappantes dans l'intensité et la fréquence des soins fournis ». *En règle générale, en France, au Danemark, en Suède et aux Pays-Bas, entre 50 % et 60 % des grands-parents gardent leurs petits-enfants, contre 40 % des grands-parents des pays du Sud.*

LE RÔLE DES GRANDS-PARENTS DANS L'HISTOIRE

Vous avez du mal à les situer, les grands-parents, entre la comtesse de Ségur et Denise Grey, l'inoubliable grand-mère (hé bien non, c'était l'arrière-grand-mère en fait !) de Vic dans *La boum* ? C'est vrai que dans la littérature, dans les études, dans les films, etc., les grands-parents sont souvent un peu oubliés. À vous de jouer ! On vous souhaite de vous inscrire dans la postérité !

Un rôle important depuis plusieurs siècles

Un angle plus « affectif »

Un chercheur du CNRS, Vincent Gourdon, s'est penché sur l'histoire de la grand-parentalité (*Histoire des grands-parents*, Poche, 2012). Il en ressort que depuis plusieurs siècles, les grands-parents ont un rôle important au sein des familles : garde des enfants, soutien en cas de veuvage, etc. Néanmoins, l'image du « grand-parent gâteau », telle qu'on se la représente aujourd'hui, a commencé à apparaître au XVIIIe siècle, au moment de l'essor de la bourgeoisie. C'est à ce moment que les grands-parents sont envisagés sous un angle plus « affectif ».

Dès 1800, les grands-mères gardaient leurs petits-enfants

Un modèle très répandu dans la classe ouvrière

Aux alentours de 1800, un peu plus de la moitié des grands-parents étaient en vie à la naissance de leur premier petit-enfant. Une très large majorité d'enfants a donc eu la possibilité de côtoyer dans ses jeunes années au moins l'un de ses grands-parents (le plus souvent sa grand-mère maternelle).

Souvent, les lieux d'habitation étant proches (dans certaines régions, on pouvait même parler de cohabitation de plusieurs générations dans une même maison !), les grands-mères gardaient leurs petits-enfants dans la journée. C'était un modèle très répandu dans la classe ouvrière, où les femmes travaillaient hors de leur domicile.

Victor Hugo, figure tutélaire !

Le grand-père bienveillant par excellence

Le grand-parent complice et confident émerge au XIXe siècle, avec comme figure emblématique Victor Hugo, le grand-père bienveillant par excellence, garant d'une sagesse supérieure (messieurs, lisez *L'art d'être grand-père*, cela vous donnera peut-être des idées encore applicables de nos jours !).

Dès cette époque, les visites aux grands-parents et les vacances passées chez eux deviennent des rituels importants. Les « fêtes de famille » prennent également de l'importance, comme en témoignent les écrivains et les peintres de la vie familiale à cette époque.

Et aujourd'hui ?

Les grands-parents ont encore de beaux jours devant eux

Le nombre de grands-parents augmente en France et dans les sociétés occidentales, alors que le nombre de petits-enfants pour chacun diminue. La place de la grand-parentalité dans la famille et la société en est donc forcément modifiée.

Il est certain que les grands-parents ont encore de beaux jours devant eux, et peut-être assisterons-nous bientôt à l'émergence d'un « art d'être arrière-grand-parent » ?

Combien de petits-enfants aurez-vous ?

Même si le nombre d'enfants que vous avez eus influe sur le nombre de vos petits-enfants, la variabilité des situations demeure forte. Ainsi, ceux qui ont eu 3 enfants deviennent la plupart du temps grands-parents, mais une partie d'entre eux n'a que 1 ou 2 petits-enfants (11 %) tandis que d'autres en ont 10 ou plus (5 %).

T'INQUIÈTE, ARRIÈRE-GRAND-MAMIE N'A ABSOLUMENT PAS PERDU LA MAIN !

C'EST BIENTÔT FINI, LES CLICHÉS AUTOUR DES GRANDS-PARENTS ?

On vient de le dire, les grands-parents ont changé ! Alors ce serait bien que l'on arrête avec ces clichés qui ont la vie dure et qui font que parfois... on n'a pas envie d'être (ou de dire qu'on est) grand-parent !
Voici une liste non exhaustive de tous ces préjugés barbants qu'on aimerait voir jetés une fois pour toutes à la poubelle !

Ils ne travaillent plus depuis bien longtemps

Mmmm... dans une multinationale, vous ne vous sentez pas franchement concerné par « moins de stress et plus de temps » qu'on énonce partout à propos des grands-parents, et on vous comprend ! Quant à ceux qui ne travaillent plus, ils sont souvent très occupés, entre le sport, les loisirs culturels, les voyages...

Témoignage

Annie, grand-mère de 3 petits-enfants

« Nous sommes une génération de femmes qui ne se sont pas arrêtées pour élever leurs enfants et qui ont encore 10 ans de vie active devant elles. On ne joue pas le même rôle que nos mères avec nos filles. »

Ils ont plein d'argent

Euh... Oui, parmi les grands-parents, comme dans le reste de la population, il y a des gens aisés... mais aussi d'autres personnes qui le sont beaucoup moins. Il vaut donc mieux éviter de généraliser, non ?
Si vos petits-enfants vous prennent pour des portefeuilles ambulants, mettez vite les choses au clair : l'amour ne se traduit pas par de l'argent et des cadeaux à foison !

Ils sont deux au coin du feu

Au coin du feu… Comment dire ? Parfois, comme tout le monde, l'hiver, si vous avez un poêle ou une cheminée dans le salon. Le reste du temps, vous avez l'impression de vivre une vie tout à fait normale, entre trajets en voiture ou en transports en commun, boulot, sports et voyages, probablement ?

En ce moment, vous vivez seul(e) ? Même si parfois vous aimeriez avoir en face de vous quelqu'un qui vous couve de ses yeux amoureux toute la journée, ce n'est actuellement pas le cas !

Mamie cuisine tout le temps

Que répondre à cette absurdité ? Pourquoi pas : « *Cher petit-enfant, sais-tu que c'est ma génération qui a inventé le plat préparé et le surgelé ? Et encore mieux, le plat préparé surgelé ? J'avais autre chose à faire que la cuisine, dis-toi bien. Alors parfois, si tu me vois aux fourneaux, c'est uniquement pour te faire plaisir quand tu me rends visite. Le reste du temps, mes passages en cuisine sont minutés, car franchement, ce n'est pas mon truc ! (et j'en ai le droit !).* »
Et si vous aimez faire la cuisine, vous avez le droit aussi d'y passer du temps (mais pas toutes vos journées, quand même !).

Mamie a les cheveux blancs relevés en chignon, papi des lunettes et une moustache

Une image des livres d'histoires

Ça, c'est une image des livres d'histoires pour enfants, et on a vraiment du mal à s'en débarrasser. Bon, on sait aussi qu'ils représentent maman dans la cuisine avec une casserole et papa sur le canapé avec son journal…

Il paraît même que lorsque l'on demande à des enfants en classe de maternelle de dessiner des grands-parents, ce n'est pas le portrait de leurs grands-parents qu'ils esquissent, mais celui-là : le chignon, les cheveux blancs et les moustaches. Après tout, ils font ce qu'ils veulent, puisqu'ils savent très bien que leurs vrais grands-parents n'ont rien à voir avec ceux-là.

Témoignage

Hélène, grand-mère de 2 petits-enfants

« Les médias entretiennent vraiment une confusion entre les grands-parents et les arrière-grands-parents. À la naissance des premiers petits-enfants, en général, les grands-parents travaillent encore. »

Ils ont connu les dinosaures quand ils étaient petits

C'est rigolo quand ça émane de la bouche d'un tout-petit. Sinon, ce genre d'humour ne fait rire personne ! Idem pour Mai 68… Vous n'avez pas écrit sur les murs « sous les pavés la plage », parce qu'à l'époque, vous étiez au collège, voire à l'école primaire ? Allez, répondez simplement à vos adorables têtes blondes que vous êtes né(e) au siècle dernier… tout comme vos enfants, leurs parents donc !

Ils n'ont pas d'autre occupation que de garder leurs petits-enfants adorés.

On l'a déjà dit, mais on le répète : NON ! Les grands-parents ont leur vie, donc quand ils gardent leurs petits-enfants, c'est quand ils sont disponibles et qu'ils en ont envie. Comme cela, tout se passe super bien et tout le monde est content !

Ils ne connaissent rien aux nouvelles technologies

C'est une plaisanterie ? Vous en êtes pourtant à votre quinzième génération de téléphone portable et avez renoncé à Facebook, trop ringard, pour vous inscrire sur TikTok, nettement plus marrant, pour y poster des vidéos de chorégraphie inventée avec votre petite-fille de treize ans !

Retraité forcément synonyme de maison de retraite

Michèle, la soixantaine, ne s'est pas remise de la « bonne nouvelle » dont lui a fait part son petit-fils de 10 ans à l'époque. « Il vit avec ses deux sœurs près de Paris, et moi en Alsace. Il m'a appelée un soir, très excité et m'a dit : "Mamie, c'est super, tu vas pouvoir venir habiter tout près de chez nous, il y a une maison de retraite en construction dans le quartier !" Quand je lui ai expliqué qu'il était hors de question pour moi de vivre un jour dans un tel lieu, il s'est étonné et m'a dit qu'il croyait que "les retraités devaient obligatoirement vivre dans une maison de retraite." Logique, peut-être, mais je dois dire que cela m'a fait un gros choc. Bon, aujourd'hui, cette maison de retraite est construite, et quand on passe devant, on en rigole ! »

DEVENIR GRAND-PARENT, PAS TOUJOURS AUSSI SIMPLE QU'IL N'Y PARAÎT

Chacun a des raisons – avouables ou un peu moins ! – de ne pas vouloir devenir grand-parent là, tout de suite, maintenant... Voici quelques témoignages de grands-parents pas franchement enthousiastes, du moins quand ils ont appris la nouvelle ! Mais il semblerait que le plus souvent, les choses s'arrangent avec le temps !

Je voulais juste avoir un peu de temps pour moi

« *J'ai encore deux enfants étudiants à la maison, alors quand ma fille m'a annoncé qu'elle allait être maman à 25 ans, je ne peux pas dire que je l'aie bien pris* », explique Catherine, infirmière libérale de 49 ans. « *Ma petite-fille a maintenant un an, je l'adore et il m'arrive même de prendre des jours en semaine pour la garder quand ma fille me le demande. Mais il n'empêche, j'aurais aimé souffler... au moins quelques années, avant de devenir la mamie gâteau que je deviendrai certainement quand je serai à la retraite !* »

PRÉPAREZ VOTRE LISTE « POUR PLUS TARD »

C'est qui, la mamie idéale pour vous ? Elle a du temps, et puis quoi encore ? Elle fait quoi avec ses petits-enfants ? Notez tout ce que vous avez envie de faire et plus tard, quand vous serez à la retraite, vous n'aurez plus qu'à lire votre liste pour avoir des idées !

Catherine résume plutôt bien – tout en restant politiquement correcte ! – la déception qui s'empare de ceux qui vivent à fond leur rôle de parents, actifs et impliqués auprès de leurs grands enfants, toujours jeunes (et pas que dans leur tête !), qui ont l'impression de recevoir un coup de massue et de littéralement « devenir vieux » au moment où ils apprennent que leur famille va passer à une nouvelle génération.

Je suis trop jeune !

Sophie, 51 ans, elle, ne mâche pas ses mots : « *Dans notre société, on ne valorise que la jeunesse. Dans mon boulot, je dois rester au top ! Je suis toujours au régime pour garder ma silhouette de 30 ans et le problème des rides m'est épargné grâce à quelques petites injections de temps à autre... Et puis, j'ai eu mon dernier fils à 41 ans... Je suis donc la maman d'un écolier, pas question de devenir la grand-mère d'un bébé !* »

DES GÉNÉRATIONS QUI S'ENTREMÊLENT

Avec les familles recomposées, il n'est plus rare de devenir grand-parent, alors qu'on est devenu de nouveau parent quelques années plus tôt. Il arrive même que des « oncles et tantes » soient plus jeunes que leurs neveux et nièces ! L'important, c'est que chacun y retrouve ses petits !

ÊTRE GRANDS-PARENTS, UN BONHEUR DE TOUS LES INSTANTS !

95 % des grands-parents se déclarent heureux de l'être, et 61 % sont même « prêts à en faire plus ». En tête des raisons de cet investissement : « se sentir utile » (82 %), « avoir des petits plaisirs » (76 %) et « rester dans le coup » (68 %).

(Source : sondage Ipsos pour *Notre Temps*, 2018.)

Pourtant, elle s'inquiète déjà à l'idée que sa fille aînée de 26 ans, en couple, lui annonce prochainement une « bonne » nouvelle...
Ce refus du temps qui passe touche le plus souvent les femmes, dans une société qui valorise, c'est vrai, essentiellement la jeunesse. Devenir grand-mère jeune, c'est pourtant la possibilité... d'être confondue avec la maman quand on accompagne son petit-enfant au square. Et ça, c'est bon pour l'ego, non ?

J'ai trop de boulot

Jean-Pierre, 60 ans, cadre dans le secteur bancaire, papa de quatre enfants *« qu'il n'a pas vus grandir »* et grand-père de deux petits de 6 mois et 3 ans, explique qu'il est très content d'être grand-père, en ajoutant qu'il n'a *« aucun rôle à jouer »* et tant mieux, parce qu'il n'a *« pas de temps pour cela »*.

Pas de temps pour cela

Il ne faut pas lui en vouloir, car dans quelques années, à la retraite, ses centres d'intérêt changeront certainement et ce sera la même personne qui passera du jour au lendemain de « papi absent » à « papi toujours partant pour des balades et des jeux au square ». Il suffit juste d'être un peu patient...

PROFITER DE L'OCCASION POUR SE PROJETER

C'est parfois difficile, quand on a beaucoup travaillé, de se retrouver à la retraite et sans projets... Avoir des petits-enfants permet de négocier en douceur la transition. Si vous commencez à vous en occuper alors que vous travaillez encore, vous savourerez du temps supplémentaire dont vous disposerez avec eux plus tard...

J'ai plein de projets

Marc, retraité depuis peu et trois fois grand-père, s'occupe volontiers de ses petits-enfants « *mais pas trop non plus, parce que j'ai plein d'activités et de projets personnels à réaliser !* ». Il joue au tennis avec des amis deux fois par semaine, part en voyage quatre fois par an et... recherche activement la nouvelle femme de sa vie ! Ses enfants comprennent très bien ses choix et ne lui en veulent pas car ils savent qu'il répond présent pour toutes les urgences.

Être un jeune grand-parent : une vraie chance !

Le fait de devenir grand-parent reste pour beaucoup le symbole du passage à la vieillesse.

Et pourtant, être un jeune grand-parent est une chance : vous pourrez faire énormément de choses avec vos petits-enfants, du sport, des voyages... Vous pourrez réellement leur faire partager vos passions, loin de toute responsabilité éducative, ce qui vous a peut-être freiné en tant que parents... Et puis, vous pourrez même connaître... vos arrière-petits-enfants !

UNE GÉNÉRATION D'ÉGOÏSTES, CES GRANDS-PARENTS ?

On pourrait le croire en écoutant Marie, maman de trois enfants, qui s'agace : « Je dépense des fortunes en baby-sitter, parce que ni mes parents ni mes beaux-parents ne sont jamais disponibles pour garder mes enfants. Pourtant, ils sont tous à la retraite et ce sont leurs seuls petits-enfants ! » Quand on lui répond que peut-être, ils ont beaucoup travaillé et ont besoin de temps pour eux aujourd'hui, elle sourit et dit : « Oui, ils ont raison d'en profiter, je ferai sans doute pareil plus tard ! »

MON RÔLE AFFECTIF

Apporter de l'amour, c'est tout ce que l'on demande à des grands-parents ! Et ça, c'est tellement plus facile que de devoir fixer des limites éducatives, être assis dans la salle d'attente du médecin qui va diagnostiquer une énième angine, ou prendre rendez-vous avec les enseignants quand les notes sont en chute libre... Ça vous rappelle des souvenirs peu agréables, n'est-ce pas ? Alors, que faire de sympa avec vos petits-enfants pour leur montrer que vous les aimez ? Voici une liste non exhaustive, bien sûr, car c'est avant tout à vous d'inventer vos liens avec vos petits-enfants !

Passer du temps avec eux

Soyez présent pour les fêtes et anniversaires, demandez-leur des nouvelles de l'école et de leurs copains, intéressez-vous à leurs loisirs. Si vous prenez le temps de parler avec eux régulièrement, vous développerez une relation très riche pour vous tous.

VOYEZ-LES SÉPARÉMENT !

Rien de tel pour bien les connaître et créer un lien fort que de vivre des moments en tête-à-tête avec chacun de vos petits-enfants. Mamie peut aider Léa à faire ses devoirs, pendant que Papi emmène Pierre à un match de foot... et l'inverse sera possible la semaine prochaine, bien sûr !

Leur faire des cadeaux

Pour les cadeaux, ce sera « pareil pour tous les petits-enfants » (la même valeur, quitte à donner la somme aux parents pour qu'ils se chargent eux-mêmes des achats) et pas question de laisser les uns choisir ce qui leur plaît si les autres n'ont jamais leur mot à dire.
Cela vous semble normal ? C'est pourtant un sujet de conflits dans beaucoup de familles, où l'on reproche aux grands-parents de « *ne pas être justes* ».

IL N'Y A PAS QUE LA VALEUR MATÉRIELLE QUI COMPTE !

Un cadeau, c'est aussi la tarte aux fraises préparée ensemble pour le goûter, après être allés au marché avec vos petits-enfants !

Écouter les confidences

À l'adolescence, les relations parents-enfants deviennent parfois compliquées et dans ce cas, un grand-parent attentif peut aider à renouer les liens. Écoutez l'ado qui se sent incompris, demandez aux parents de lâcher un peu la bride sur les sorties... Restez bienveillant(e), ne jugez pas... Vous avez un rôle précieux à jouer !

Prendre des nouvelles par SMS ou WhatsApp

Déjà deux semaines que vous n'avez pas reçu de nouvelles de vos loulous adorés ? N'hésitez pas à envoyer un petit SMS pour demander si tout va bien, ou envoyez via WhatsApp une photo de votre chaton à votre petite-fille collégienne, elle ne manquera pas de vous répondre dans les cinq minutes ! Ah, comment faisait-on quand on n'avait ni smartphone ni réseaux sociaux... ?

ÊTRE LÀ QUAND ÇA NE VA PAS

L'un de vos petits-enfants ne va pas très fort en ce moment ? Résultats scolaires en berne, conflit avec les parents ? Proposez-lui une balade au parc, comme quand il était petit, et offrez-lui une glace ou un gâteau dans le salon de thé juste à côté ensuite. Lui aussi apprécie les « séquences nostalgie » et il choisira peut-être ce moment pour « vider son sac » et repartir d'un bon pied !

Un préféré ?

Vous aurez peut-être plus d'affinités avec l'un ou l'autre de vos petits-enfants, qui vous rappellera « vous quand vous étiez petite » *ou* « votre petit frère adoré ». *Vous êtes humain et c'est normal que vos liens soient plus forts avec les enfants de votre fille (c'est de bonne guerre, votre belle-fille ne confie ses enfants qu'à ses parents !), ou avec vos petits-enfants qui habitent près de chez vous, alors que les autres sont à 300 kilomètres.*
Mais attention, ces relations privilégiées ne devront jamais être mises en avant, car ce sera alors la porte ouverte à d'énormes conflits familiaux !

« TU ES LE PORTRAIT DE TA MÈRE ! »

Vous serez sans doute parfois désarçonné(e) par les réactions et comportements de vos petits-enfants – mais dans ce cas, pas la peine de leur dire qu'ils ressemblent à leur père ou à leur mère (votre gendre ou votre belle-fille, évidemment !). Ne les critiquez jamais. Et puis, c'est toujours intéressant de regarder éclore une personnalité… Prenez le temps, d'autant plus si vous ne l'avez pas eu quand vos enfants étaient petits !

Quelques conseils pour une bonne relation grand-parent/petit-enfant

• rester ouvert, s'adapter à leur monde (ce qui ne veut pas dire que vous devez devenir un pro des cartes Pokémon ni de la Switch) ;

• il faut savoir parfois dire non, garder du temps pour soi et s'investir en dehors de la famille ;

• si vous construisez un lien d'amour dès la petite enfance, vous devrez pourtant accepter que ce lien change à l'adolescence. Votre petit-enfant a besoin à ce moment-là de s'ouvrir au monde et de privilégier sa bande de copains.

• appeler, envoyer des photos, en demander… Bref, toujours garder le lien.

Témoignage

Annie, grand-mère de 3 petits-enfants

« À la naissance de mon premier petit-enfant, j'avais bloqué un mercredi sur deux dans mon agenda pour m'en occuper. Au début, j'avais beaucoup d'attentes, puis avec le temps j'ai appris à en profiter en m'adaptant à eux. Les petits apprécient qu'on leur offre du calme. On ne s'impose pas une heure précise pour le goûter ou la sortie... mais bien sûr il faut être prêt quand les parents reviennent les chercher ! »

Être grand-parent, c'est d'abord aimer inconditionnellement !

Encourager, complimenter, entourer de paroles rassurantes, de bisous et de câlins… L'amour que vous prodiguez à vos petits-enfants est essentiel à leur développement et leur permet d'acquérir une solide confiance en eux.

MON RÔLE ÉDUCATIF

Transmettre l'histoire familiale

Vous êtes les porteurs de l'histoire familiale. Ne voyez pas cela comme un poids supplémentaire sur vos épaules, mais comme une chance de pouvoir donner des racines solides à ces êtres en devenir que sont vos petits-enfants !

Vous souvenez-vous de vos vacances chez vos propres grands-parents, des moments enchantés où votre grand-mère sortait de son armoire de grandes boîtes métalliques remplies de photos et se mettait à vous raconter l'histoire de vos aïeuls ? L'oncle Ernest mort en 1914, la tante Eulalie qui s'est mariée à un Américain et est partie vivre au Texas ?... À l'ère du numérique, les albums photos disparaissent et pourtant... Regarder les photos, raconter l'histoire de la famille, ce sont des moments extraordinaires que les enfants apprécient dès leur plus jeune âge !

Vous raconter l'histoire de vos aïeuls

Témoignage

Nathalie, grand-mère de 2 petits-enfants

« C'est le rôle des grands-parents de raconter l'histoire de la famille. En plus, notre génération a été privilégiée, on n'a pas connu de guerre... On a de bons souvenirs à transmettre ! »

Partager mes valeurs

Si les grands-parents ne sont pas censés avoir de rôle éducatif au quotidien, lorsqu'il sera chez vous, votre petit-enfant devra respecter des règles, la politesse, le respect des autres, l'honnêteté...

Témoignage

Soizic, grand-mère de 9 petits-enfants

« J'ai 3 enfants, et chacun élève ses enfants à sa façon. Les horaires, les sorties... c'est vraiment très différent, alors nous, même si parfois on est un peu étonnés, on est bien obligés de s'adapter, même si chez nous, en vacances, c'est plus cool ! »

Bien évidemment, si vous considérez que vos enfants sont trop laxistes, ne mettez pas à profit la semaine de vacances pendant laquelle on vous confie votre petit-fils, pour sortir le martinet parce que cela lui « *fera comprendre la vraie vie* » !

Accompagner ses découvertes

Elle se passionne pour la danse ? Il aime la peinture et la sculpture ? Assistez à leurs cours, montrez votre enthousiasme. Et accompagnez-la à un ballet, emmenez-le voir des expos… Parfois, ce sont eux qui vous ouvriront à d'autres centres d'intérêt !

QUELQUES IDÉES D'ACTIVITÉ PAR ÂGE

De 0 à 3 ans : les balades au parc, d'abord avec la poussette, puis dans le bac à sable et sur les balançoires.

Dès l'entrée à l'école, vous pouvez les emmener au parc d'attractions, au Muséum d'histoire naturelle, aux expositions qui proposent des espaces spécifiques pour les petits…

À partir de 7/8 ans, ils peuvent aimer les concerts et spectacles (adaptés à leur âge, bien sûr).

À l'adolescence, le cinéma fait toujours recette !

Témoignages

Marie-Josée, grand-mère de 8 petits-enfants

« Violette, ma petite-fille de 7 ans, adore que je lui parle de "quand j'étais petite". Je lui ai raconté la pension, mon collège de filles géré par des religieuses… Elle me demande souvent de lui en parler et ouvre toujours les yeux grands comme des soucoupes quand je lui dis que dans mon école "il n'y avait pas de garçons". »

La chasse aux souvenirs !

Les petits sont aussi curieux de savoir « comment était maman quand elle était petite » *et si* « papa faisait beaucoup de bêtises ».

Si vous avez conservé leurs livres et leurs jouets, donnez-les à vos petits-enfants, qui seront ravis de jouer avec.

L'ouvrir au monde

Vous avez des savoir-faire, des centres d'intérêt ou même des valeurs que vous pourrez partager avec vos petits-enfants, et qui seront pour eux sources de grandes découvertes.

Florence, bénévole dans une association d'aide aux pays du tiers-monde, emmène parfois ses petits-enfants à des journées de recueil de dons, et leur parle très souvent de son rôle et de ce qu'ils peuvent faire eux aussi pour venir en aide à d'autres enfants.

Le laisser exprimer sa personnalité

Si vous vous en occupez en période de vacances, vous pourrez être plus souple que les parents sur les horaires du coucher et du lever par exemple. Ils pourront aussi avoir le droit de s'habiller comme ils le souhaitent, de jouer un peu plus longtemps avec leur console ou de se laver un jour sur deux (grande joie pour certains d'entre eux, qui vous en seront très reconnaissants !).

Témoignage

Danielle, grand-mère de 4 petits-enfants

« J'ai des petits-enfants jumeaux de 20 mois... J'adore les observer : mon petit-fils qui dit "merci" quand je lui donne un gâteau, et sa sœur, moins timide, qui s'empare du gâteau, attend, observe ma réaction, puis enfin me dit elle aussi "merci". Elle me teste, c'est drôle ! »

INVENTAIRE DES TRÉSORS À RESSORTIR DE VOS GRENIERS ET PLACARDS :

- ☐ jouets en bois (très solides, ils traversent les générations)
- ☐ billes, scoubidous
- ☐ jeux de société : jeux de l'oie, de dames, petits chevaux
- ☐ albums de coloriage
- ☐ cahiers de vos enfants, vos petits-enfants adoreront les consulter !

Si vous les gardez au quotidien, votre rôle est bien sûr sensiblement différent

Si vous êtes présent(e) tous les jours au moment des devoirs, vous ne pourrez pas accepter qu'à peine rentrés, ils se jettent sur la télévision ou la console de jeux, et il vous faudra dans ces cas-là faire preuve d'autorité pour être respecté(e) !

Vous devrez parfois gronder et punir, mais toujours en accord avec les parents, évidemment !

UN ENFANT SAIT PARFAITEMENT FAIRE LA DIFFÉRENCE ENTRE SA MÈRE ET SA GRAND-MÈRE.

D'ailleurs, il sait très bien ce qu'il peut obtenir de l'une et pas de l'autre ! L'essentiel est que les choses soient claires des deux côtés, et que chacune respecte les us et coutumes de l'autre.

SI VOUS OU VOS PARENTS ÊTES VENUS D'AILLEURS.

Racontez-leur votre pays d'origine, vos traditions, parlez des différences, des difficultés que vous avez pu connaître et de la façon dont vous les avez surmontées. Apprenez-leur les chansons de votre enfance, faites-les s'intéresser à votre langue et votre pays natal. Ce sont de vraies richesses dont ils seront fiers et qui les aideront à se construire.

EK SÉ ALÉ...
A PA ANNI AN LIVÈNAJ BÈF
KA BIZWEN KYÉ A-Y !*

* TRADUCTION DU CRÉOLE « ET C'EST AINSI... IL NE FAUT PAS AVOIR RECOURS AUX PARENTS ET AMIS SEULEMENT QUAND ON A BESOIN D'EUX »

TOUT CE QUI A CHANGÉ DANS L'ÉDUCATION DES ENFANTS

Vous avez été vous-même un parent très strict, à l'image de vos propres parents. Ou bien à l'inverse, influencé(e) par la grande libération post-soixante-huitarde, avez-vous été totalement permissif/(ve) ? À chaque époque ses théories sur l'éducation ! Aujourd'hui, on est plutôt dans une « voie du milieu » où l'on écoute l'enfant, même si on lui pose un cadre bien précis.
Par ailleurs, le monde a changé, la société de consommation « à outrance » a vécu et les familles ne sont plus toujours composées d'un papa, d'une maman et de leurs enfants.
Quoi que l'on en pense aujourd'hui en tant que grands-parents, on n'a pas d'autre choix que de s'y adapter. Alors, pour vous mettre à la page, voici un panorama en 10 points de ce qui a changé depuis la naissance de vos enfants !

L'éducation

L'éducation positive

Qu'est-ce que ça dit ? Dolto, c'est fini ! Aujourd'hui la tendance – venue des États-Unis – est de s'appuyer sur les dernières découvertes des neurosciences tout en gardant bon sens et pragmatisme ! En résumé, il s'agit de « privilégier les solutions aux punitions » et de s'adresser à l'intelligence émotionnelle des enfants, pour que la guerre à la maison « *quand Arthur ne finit pas son assiette* » ou « *quand Louise veut mettre une robe d'été en janvier* » ne se produise plus. Si l'on s'en réfère aux nombreux livres publiés sur le sujet, ça marche ! En tous cas, ne vous esclaffez pas si vous voyez votre fille s'interroger sur le «*pourquoi de la colère de votre petit-fils ? Il veut certainement exprimer un manque*».
L'éducation positive (ou éducation bienveillante) s'est largement répandue, et si différents modes d'éducation cohabitent dans notre pays, la plupart des parents expliquent, argumentent et négocient, même avec des tout-petits.

ON NE LAISSE PLUS PLEURER LES BÉBÉS !

Les pleurs d'un bébé sont un langage, qui exprime ainsi un besoin ou un manque, auquel il faut répondre. Des chercheurs d'Harvard ont démontré que « en laissant pleurer un enfant sans lui accorder d'attention, on peut provoquer chez lui des dommages à long terme : son système nerveux deviendra anormalement sensible aux traumatismes à venir ».

Auparavant (en caricaturant un tout petit peu...), on donnait des ordres aux enfants, qui devaient obéir sans plus d'explications. Et ceux qui dérogeaient à la règle étaient punis ! On était alors persuadé que c'était la seule façon d'élever des enfants. *« Je demandais à mes enfants de se taire à table quand les adultes parlaient »*, explique Hélène. *« Avec mes petits-enfants, c'est une cacophonie permanente : pendant les repas, chacun donne son avis, qu'il ait cinq, dix ou trente-cinq ans, mais je reconnais que nos moments en famille sont plutôt joyeux ! »*.

La communication non violente

C'est l'une des théories – inspirée à la fois par des philosophes et des psychologues – sur lesquelles s'appuie l'éducation positive. L'objectif : construire un monde plus respectueux de chacun. Les techniques de la CNV, et notamment l'écoute active, sont aujourd'hui largement utilisées dans l'entreprise (peut-être avez-vous déjà fait un stage dans ce domaine ?) comme dans les familles.

Si les limites, les règles à respecter peuvent sembler floues, c'est parce que beaucoup de décisions se discutent en famille, et ce, dès que l'enfant est en âge de parler. Les enfants sont ainsi responsabilisés très tôt, apprennent à argumenter... et sont mieux armés pour la vie en société (ce monde de brutes !).

L'éducation bienveillante est validée par les neurosciences

Les récentes découvertes en neurosciences ont démontré que l'éducation positive jouait un rôle important dans le développement de l'hippocampe, partie essentielle du cerveau, siège de la mémoire et de l'apprentissage. Pour schématiser, dans les situations d'écoute, d'encouragements, l'hippocampe voit son volume se développer et l'ocytocine, hormone de l'amour et du lien social, est secrétée. À l'inverse, le stress est l'ennemi du cerveau. Il altère l'hippocampe en produisant du cortisol, qui active l'amygdale, siège de la peur. Si les situations stressantes perdurent, les neurones de l'hippocampe se développent moins et peuvent même être détruits. Le volume de l'hippocampe diminue, et l'enfant n'est plus capable d'écouter et d'apprendre.

Il ne s'agit pas bien sûr de faire culpabiliser ceux qui ont élevé leurs enfants différemment, mais de comprendre que les avancées de la science nous recommandent de changer de modèle.

L'ADULTE ÉTAIT AUTREFOIS CELUI QUI SAVAIT ET QUI AVAIT RAISON.

Les jeunes adultes d'aujourd'hui ne veulent pas de cette posture avec leurs enfants et sont toujours prêts à se remettre en question. Les enfants ont donc le droit d'exprimer leurs préférences, de faire des choix, mais toujours dans un cadre bien établi. Heureusement, il y a encore des limites, c'est « pomme ou clémentine ? », pas « glaces, bonbons et mousse au chocolat » !

AUJOURD'HUI, L'INFORMATION EST BIEN PLUS FACILEMENT ACCESSIBLE QUE LORSQUE VOUS ÉTIEZ VOUS-MÊMES JEUNES PARENTS !

Livres, reportages, conférences, forums en ligne... Les nouveaux parents ont la possibilité de beaucoup se documenter sur les meilleures façons de permettre à leurs enfants de s'épanouir et d'avoir confiance en eux. Le risque ? Ne plus savoir où donner de la tête ! Mais grâce à votre propre expérience de parents, nul doute que vous saurez aider vos enfants à faire le tri entre ces multiples informations, parfois contradictoires.

Le co-sleeping ou cododo

Il s'agit de laisser le bébé dormir pendant ses premiers mois dans le lit de ses parents. Selon les parents ayant fait ce choix, cela sécurise l'enfant et facilite l'allaitement et le sommeil de tous... Cependant, cette pratique a aussi ses détracteurs : selon une étude britannique, les risques de mort subite du nourrisson sont multipliés par cinq pour les bébés de moins de trois mois dormant dans le lit de leurs parents.
Le cododo est loin d'être généralisé (les parents se contentent de mettre le berceau dans leur chambre quelque temps), mais si vos enfants évoquent le sujet, vous saurez de quoi ils parlent !

L'alimentation

Chez vous, c'était biberon de la naissance à six mois, et dès un an, le même menu pour toute la famille ? Aujourd'hui, l'allaitement maternel prolongé (souvent jusqu'à un an) est largement adopté et les repas des petits diffèrent sensiblement de ceux des grands. On investit dans des robots spécifiques, on achète bio, local et de saison, on veille à l'équilibre glucides/lipides/protéines à chaque âge. Que de complications, dites-vous ? Ce sont les avancées de la médecine qui préconisent l'allaitement maternel (jusqu'à six mois minimum selon l'OMS), et les jeunes mamans sont forcément imprégnées de ce discours.
En parallèle (à cause de la pollution et de la nourriture industrielle notamment), les allergies alimentaires se sont multipliées, ce qui oblige à faire goûter un à un les nouveaux aliments, en les espaçant de quelques jours, pour s'assurer que l'enfant les tolère. Compliqué, mais nécessaire ! On en a aussi fini avec l'obligation de finir son assiette, et tant mieux, y compris pour les adultes, non ? Cela semble incongru de se forcer si l'on n'a plus faim, même si bien entendu, il faut apprendre à se servir des portions qui conviennent à notre appétit, pour ne pas gaspiller. Plus tôt on l'apprend, mieux c'est !

L’équipement

Sur ce point, il y a aujourd’hui deux écoles : les parents qui se croient obligés d’acquérir une quantité d’objets prétendument indispensables (du coussin « anti-tête plate » à l’anneau de bain, en passant pour la poubelle spéciale couches…) et les adeptes de la débrouille, qui ne jurent que par les articles de seconde main ou multifonctions, pour lesquels une écharpe de portage servira aussi de plaid, de bavoir et de lange (et vous semblera vraiment cracra en fin de journée !). Peut-être aurez-vous chez vos enfants les deux types de famille ? Arrachez-vous les cheveux ou mordez-vous les lèvres, mais ne dites jamais « de mon temps, on faisait comme ça », sous peine de vous attirer les foudres de tous (même si on peut penser qu’il y a un juste milieu pour tout, n’est-ce pas ? Mais chut…) !

ET ON NE STÉRILISE PLUS LES BIBERONS !

Pourquoi ? Tout simplement parce que les règles d'hygiène nécessaires pour stériliser n'étant pas toujours respectées à la maison, faute d'information, il vaut donc mieux bien nettoyer les biberons. Bien entendu, si vos enfants préfèrent la stérilisation, vous devrez respecter leurs consignes !

Les pédagogies alternatives

Un sujet souvent sensible dans les familles ! Vos enfants sont allés à l’école publique la plus proche et ont parfaitement réussi leurs études, et pourtant, ils ont inscrit vos petits-enfants dans une école hors-contrat « qui respecte les besoins de l’enfant » ? Comment ça ?
Bon, là encore, chacun ses choix. On peut légitimement reprocher à l’enseignement traditionnel un certain « formatage » des enfants : en résumé, on les assied derrière une table, et pour apprendre, ils doivent écouter bien sagement ce que leur dit l’enseignant debout sur l’estrade. Or, nos vies ont changé et les enfants aussi. Ceux qui peuvent s’exprimer

en toute liberté à la maison veulent le faire aussi à l'école. Et cela, c'est possible dans ces écoles aux méthodes différentes, qui se mettent à l'écoute des enfants, en prenant en compte leur caractère, leur âge, leurs besoins et leurs attentes de manière très personnalisée. Cela ne veut pas dire qu'il faut absolument privilégier ces écoles privées souvent très chères : c'est un choix de parents, qui se fait en fonction de leurs convictions et aussi, souvent, de la personnalité des enfants ; certains d'entre eux s'y épanouissent beaucoup plus que dans l'enseignement traditionnel.

La famille

Les familles recomposées

Votre fils va être papa pour la première fois, mais sa compagne a déjà un ou plusieurs enfants d'une union précédente : ils vont former une famille recomposée. Cela va progressivement devenir une configuration familiale courante pour les générations à venir. Selon une étude de l'Insee réalisée en 2011, 1,5 million d'enfants de moins de 18 ans vivaient dans 720 000 familles recomposées en France métropolitaine (soit un enfant sur dix). Bien sûr, même si cela devient courant, ce n'est pas toujours simple, ni pour les parents, beaux-parents, beaux-enfants, enfants, car chacun doit trouver sa place. À vous grands-parents d'offrir vos oreilles attentives à ceux qui auront besoin de se confier !

Chacun doit trouver sa place

Les familles monoparentales

Votre fille a souhaité avoir un enfant seule, ou le père du bébé l'a quittée peu après sa naissance ? Votre fils vit seul avec un enfant en bas âge car sa compagne est partie ? Peut-être que votre petit-enfant ne vivra que quelques mois ou années dans une famille monoparentale avant qu'elle ne devienne recomposée… Dans ce cas de figure, les grands-parents ont souvent un rôle important à jouer, en gardant leur petit-enfant régulièrement ou en apportant une aide financière si nécessaire.

Les familles LGBT (lesbiennes, gays, bisexuelles, transgenres)

Votre fille vit avec une femme ou votre fils avec un homme, et ils ont eu des enfants dans une « vie précédente », ou décidé d'en avoir, en ayant recours à un don de sperme ou à la GPA (gestation pour autrui). Bien évidemment, ces enfants reçoivent autant d'amour que s'ils avaient « un papa et une maman » mais c'est le regard des autres, dans une société pas toujours très tolérante, qui pourra être un fardeau pour vos petits-enfants. Soyez-en conscient, parlez avec eux, tout en ne vous posant jamais en juge. Vous serez un soutien précieux pour la famille entière !

N'hésitez pas à vous informer plus précisément sur les sites des associations dédiées, comme www.familles-lgbt.com.

Les familles interculturelles

Votre gendre ou votre belle-fille est né dans un autre pays, a une autre culture, une autre religion ? Vos petits-enfants seront biculturels, et même si c'est parfois compliqué de vivre entre deux langues, deux pays, deux familles, maternelle et paternelle, très différentes, c'est important de toujours le considérer comme une chance, le « truc en plus » dont votre petit-enfant bénéficiera toute sa vie. Répétez-le-lui quand il vous dira que dans la cour de récréation, il se sent « différent »...

La consommation et le mode de vie

Les familles bobos

Les « bourgeois-bohèmes » ou bobos sont plutôt aisés, diplômés, ils travaillent dans les secteurs créatifs, les médias, la mode, le design... Ils se disent de gauche, antiracistes, féministes, altermondialistes... et sont parfois moqués parce que leur mode de vie ne correspond pas forcément à leur discours. Et alors ? Vos enfants se sentent bien dans leurs baskets, même si leurs valeurs ne sont pas les vôtres ? C'est un phénomène qui se produit à chaque génération ou presque, non ?

Les familles « bio-écolos » et « zéro déchet »

Ils ont décidé de sauver la planète !

Ils ont décidé de sauver la planète : ils se nourrissent des légumes de l'AMAP du coin de la rue, et gare à vous si vous achetez à votre petit-enfant nouveau-né un vêtement en coton non bio et pire encore « made in China » ! Ils n'ont pas de voiture, veillent à leur consommation d'eau, d'électricité et pour faire le ménage ils n'utilisent que du vinaigre blanc. Ils ont même décidé de devenir « zéro déchet » et vous ont briefés très précisément : fini les achats de produits alimentaires emballés, rien que du vrac à ranger dans des bocaux en verre. Dans la salle de bains, uniquement un pain de savon, du shampoing et du dentifrice solide. Et les petits ? Ils ont appris à avoir moins de jouets, à en prendre soin, et à les revendre eux-mêmes en ligne ou au vide-grenier du quartier quand ils ne s'en servent plus. Bravo, tout cela est très courageux, et vous ne pouvez que les en féliciter, n'est-ce pas ?

Les familles « mondialisées »

De plus en plus souvent, on quitte son pays d'origine parce qu'on a trouvé du travail à l'autre bout de la planète. Ce sont donc souvent des milliers de kilomètres qui séparent grands-parents et petits-enfants. La relation se construit différemment, entre les appels via Skype et les séjours chez les uns et les autres deux à trois fois par an.

PAS DE LINGE SALE DANS LA FAMILLE !

Évitez de régler vos comptes devant les petits. Toute tension entre vous et vos enfants se reportera automatiquement sur eux et risquera de les blesser.

LES RELATIONS AVEC LES « AUTRES » GRANDS-PARENTS

Le mariage n'étant plus la condition *sine qua non* pour avoir des enfants, il se peut que vous rencontriez les beaux-parents de votre fils ou fille pour la première fois à la maternité, lorsque vous vous pencherez tous ensemble au-dessus du berceau de votre petit-enfant commun...
Pas forcément facile de faire connaissance et d'apprendre à s'apprécier dans cette situation, évidemment. Mais peut-être vous en fichez-vous complètement, de ces « autres » grands-parents ? Bon, si vous lisez ce chapitre, *a priori* cela vous intéresse, donc résumons les principaux cas de figure possibles !

Ils sont quatre

Les parents de votre gendre ont divorcé. Plusieurs fois peut-être ? Et se sont remariés. Tout autant de fois. En tout cas, aujourd'hui, ils sont quatre, de ce côté de la famille, à revendiquer la « grand-paternité » et la « grand-maternité » de cet enfant.

Que faire ? Rien !

Que faire ? Rien ! Et surtout pas demander de test ADN au titre que vous êtes le seul couple estampillé « 100 % grands-parents biologiques d'origine » ! Dites-vous simplement que cet enfant sera d'autant plus gâté avec tous ces grands-parents.
... Et que vous aurez de l'aide, pour le baby-sitting, comme pour les vacances, ce qui sera certainement très agréable !

Ils sont décédés

Bon, évidemment, ce cas est plus difficile à vivre.
La naissance d'un enfant remue beaucoup de choses chez les nouveaux parents et pour votre belle-fille ou votre gendre orphelin, le manque va se faire d'autant plus cruel à ce moment de sa vie. Montrez que vous êtes heureux d'être grands-parents et dites-lui que vous comprenez sa tristesse...

Ils sont brouillés avec vos enfants

La naissance d'un petit-enfant sera sans doute le moment idéal pour envisager une réconciliation. Mais surtout, ne vous en mêlez pas, c'est leur histoire, ils ont leurs raisons, qui ne sont pas les vôtres, donc si vous tenez à ce que tout se passe bien, n'en parlez jamais, sauf si on vous demande votre avis (et encore, mieux vaut éluder la question, vous serez sûr(e) ainsi de ne pas y avoir apporté de mauvaise réponse !).

Envisager une réconciliation

Ils habitent loin

Et vous avez la chance d'habiter tout près. Tant mieux (ou tant pis !) pour vous, vous serez aux premières loges pour voir les premiers pas de votre petit-enfant, et aussi pour le garder la nuit quand ses parents n'en pourront plus des nuits blanches ! En tout cas, ce n'est pas une bonne idée d'entrer dans la compétition du papi ou mamie préféré... *A priori*, vous aurez de fortes chances de gagner, donc laissez faire les choses et cachez votre jubilation !

Ils travaillent encore

Vous, vous avez la chance d'être à la retraite, de pouvoir garder votre petit-enfant tous les jours. Hum, à moins que vous ne considériez cela comme une punition ? Quoi qu'il en soit, soyez clair(e) dès le début sur ce que vous pouvez faire. Ce n'est effectivement pas parce que vous êtes à la retraite que vous devez être corvéable à merci !

Ils sont retraités

La retraite, pour vous, ce sera dans dix ans au mieux... Que vous le déploriez ou que vous soyez ravi(e) d'éviter les corvées, de toute façon, vous ne pouvez rien changer à cette situation.

Aujourd'hui, ce sont « les autres grands-parents » qui vont s'occuper de votre petit-enfant mais dans quelques années, ce sera votre tour pour ses petits frères et sœurs !

Témoignage
Hélène, grand-mère de 2 petits-enfants

« Ma fille et "mon gendre" ne sont pas mariés. On n'a donc pas eu l'occasion de vraiment faire connaissance avec les "beaux-parents", avant la naissance de notre premier petit-fils commun. J'avais quelques craintes, mais tout se passe très bien. Je suis retraitée, la belle-mère de ma fille aussi, il nous arrive de nous appeler pour décider ensemble des moments où nous prendrons nos petits-enfants en vacances. »

LE MODE D'EMPLOI POUR DIALOGUER AVEC VOS ENFANTS DEVENUS PARENTS

CHACUN SON RÔLE : AVEC MES PETITS-ENFANTS, QUE LES BONS MOMENTS !

Éduquer, c'est-à-dire donner des repères, fixer des limites, c'est le rôle des parents.
Vous vous en souvenez, ce n'était pas tous les jours facile de faire les gros yeux, gronder ou punir, n'est-ce pas ?
Hé bien justement, ces tâches peu gratifiantes, ce n'est plus pour vous ! Être grand-parent, c'est avant tout avoir l'occasion de passer des moments agréables avec ses petits-enfants, notamment à travers les loisirs en général, que vous ayez choisi le sport, les arts, la culture, la cuisine ou les jeux de société !
Cela dit, c'est important de savoir reconnaître que le métier de parent n'est pas toujours le plus amusant... et de féliciter vos enfants régulièrement.
Dites à votre fille que vous trouvez qu'elle est une mère formidable, à votre fils qu'il est un super papa, exemples à l'appui (et n'oubliez pas, les compliments sont valables également pour votre gendre et votre belle-fille !).

Quelques conseils pour que tout se passe au mieux

1. Soyez présent(e) auprès de vos petits-enfants le plus tôt possible
C'est important pour être en mesure de bien communiquer avec eux, surtout pendant les phases où ils auront le plus besoin de vous : d'après les psychologues, vers 7- 8 ans et au tournant de l'adolescence.

2. Soyez disponible, mais restez discret/discrète
En bref, il faut toujours être là en cas de besoin et disparaître dès que l'on n'est plus utile. Comment ça, c'est compliqué ?

3. Gardez toujours pour vous les confidences de vos petits-enfants
Les enfants ne pardonnent pas à ceux qui trahissent les secrets !

4. Préservez du temps pour vous
C'est un moyen efficace de garder la bonne distance avec ses enfants.

5. Proposez des activités qui sortent de l'ordinaire
Vos enfants et petits-enfants ne se lasseront pas de venir partager avec vous ces bons moments et se forgeront de beaux souvenirs !

Témoignage

Marie-Josée, grand-mère de 8 petits-enfants

« Je crois que tous les grands-parents un peu expérimentés sont d'accord là-dessus : nos petits-enfants sont toujours adorables en l'absence de leurs parents. Même ceux qui sont d'ordinaire de petits monstres deviennent sages, polis et obéissants ! »

Les ressources des grands-parents

Eh oui, elles sont parfois financières, mais pas que… Différentes ressources influent sur le rôle que vous pouvez jouer auprès de vos petits-enfants : ressources matérielles (taille de votre logement, possession d'une voiture, d'une résidence secondaire…), culturelles (matérielles : livres, instruments de musique, et état de vos connaissances : cuisine, lecture, maîtrise d'un domaine technique ou intellectuel, pratique d'une langue, d'un art…), sociales (réseau amical et social) et relationnelles (aptitude à échanger, consoler, faire rire…).

LES GRANDS-PARENTS ONT LE DROIT DE CHOUCHOUTER ET DE GÂTER LEURS PETITS-ENFANTS COMME BON LEUR SEMBLE !

Ils ne sont pas là pour la discipline et les remontrances. C'est d'ailleurs ce qui leur permet de créer une belle complicité et une relation privilégiée avec leurs petits-enfants.

NON, LE BÉBÉ NE PART PAS AVEC L'EAU DU BAIN !

Les jeunes parents craignent souvent les premiers bains donnés à la maison… Le bébé est si petit, si fragile, on ne sait pas encore comment bien le tenir dans ses bras, alors dans l'eau, comment faire ? Rien de tel qu'une Mamie expérimentée pour prêter main forte et faire de ce moment un vrai plaisir partagé !

PARTAGER NOS EXPÉRIENCES, DE GRANDS MOMENTS DE COMPLICITÉ

Aider la jeune maman à trouver les bons gestes

La transmission de certains savoir-faire

Une jeune maman attend de sa mère – plus rarement de sa belle-mère, mais cela arrive ! – la transmission de certains savoir-faire, surtout à la naissance de son premier enfant. Ce passage de relais, pas toujours évident, demande diplomatie et compréhension de part et d'autre.

Pour une maman débutante, le retour à la maison après les quelques jours passés à la maternité est souvent un peu difficile. Entre les soins à apporter au bébé, la crainte légitime « *de ne pas y arriver* », les nuits trop courtes... elle a vite fait d'être débordée. Dans ce cas, avoir près de soi une maman « *qui aide* » sans dire « *Attention, je vais t'expliquer, ne fais pas comme ci, fais plutôt comme ça* », c'est agréable et bien utile ! Car la jeune maman, bien qu'inexpérimentée, n'est pas toujours prête à accepter les leçons de sa mère sans les discuter. Elle peut même souhaiter s'en démarquer. De votre côté, vous, la grand-mère, devez accepter de transmettre malgré les critiques. Vous devrez parfois savoir mettre votre amour-propre de côté, mais c'est pour la bonne cause, n'est-ce pas ? Alors, respirez un bon coup, restez zen, et tout va bien se passer !

Témoignage

Marie-Josée, grand-mère de 8 petits-enfants

« À chaque fois que mes filles sont devenues maman – elles sont trois et je suis aujourd'hui huit fois grand-mère ! –, je leur ai proposé de venir passer quelques jours chez elles, pour les aider avec le bébé, à leur retour de la maternité. Elles ont toutes accepté : je suis allée deux fois passer une semaine chez l'aînée, la deuxième habitait à côté pour la naissance de ses numéros 2 et 3, donc je ne suis pas restée à plein temps chez elle et la troisième n'a plus eu besoin de moi pour son troisième ! J'ai passé de très bons moments avec elles et mes petits-enfants et cela reste d'excellents souvenirs pour nous toutes. »

L'enfant de ma fille ou de ma belle-fille ? Des différences

Des conflits toujours prompts à survenir

Passer du statut de mère à celui de grand-mère peut rendre une femme plus proche encore de sa fille. Certaines grands-mères se remémorent avec nostalgie la naissance de leurs propres enfants. Elles ont tendance à se retrouver avec émotion dans la maternité de leur fille. Peut-être est-ce votre cas ?

Les choses ne se passent pas toujours de la même façon entre belle-mère et belle-fille, entre lesquelles des conflits sont toujours prompts à survenir, sous le prétexte le plus anodin... Et les torts sont souvent partagés, avouez-le ! (Comment ça ! Vous refusez d'avouer ?!)

MOTUS ET BOUCHE COUSUE

À moins que vous ne soyez en conflit ouvert depuis toujours, (« elle vous a volé votre fils », « vous êtes des beaux-parents envahissants ») a priori, votre belle-fille n'a rien à vous reprocher... Donc évitez de donner des avis, des conseils ou de faire des remarques, sur des sujets sur lesquels elle ne vous a rien demandé ! Se taire, c'est souvent la meilleure option pour une bonne relation !

Un point de repère

Les grands-parents incarnent la lignée, les racines. Ils apportent de ce fait une stabilité et un équilibre à l'enfant. Leur maison est un lieu essentiel : c'est le point de rencontre entre cousins, tantes et oncles, l'endroit des retrouvailles en famille, des Noëls, des Pâques et autres fêtes, si importantes aux yeux des enfants.

Nouer une nouvelle relation avec ses enfants

Vous ne l'apprenez pas, devenir parent est une étape cruciale dans une vie ! On n'est plus simplement « l'enfant de » mais « le parent de » avec toutes les responsabilités que cela implique. Cela nécessite également de créer une nouvelle forme de relation avec son propre enfant. Le rôle des grands-parents est alors de l'aider à développer sa confiance en lui en tant que parent. Les grands-parents doivent trouver une autre forme de relation que celle qu'ils ont entretenue jusque-là, car s'ils ne doivent pas jouer le rôle de maman ou de papa auprès du bébé, ils ne doivent plus non plus « materner » leurs enfants, devenus de vrais adultes responsables !

Permettre une certaine distance affective chez son enfant

Témoignage

Nathalie, grand-mère de 2 petits-enfants

« Je n'ai pas travaillé pendant 20 ans. Mes enfants ont fait le plein d'amour maternel, et surtout l'aîné ! Il a eu tout ce dont il avait besoin, il n'a pas de frustration et vit donc très bien son rôle de père aujourd'hui. Mais tout dépend de l'histoire de la famille bien entendu. Chez nous, chacun vit sa vie, c'est un principe de base. »

Quelques questions à se poser

Le plus tôt possible, essayez d'échanger librement avec les nouveaux parents sur les attentes, les désirs et les limites de chacun. Voici quelques questions qui pourront vous aider à définir votre future place :

- *Quelle grand-mère ou quel grand-père aimerais-je être ?*
- *Je vois mon rôle auprès de mes enfants comme étant…*
- *Jusqu'où puis-je aller dans mes commentaires à mes enfants, concernant leur rôle de parent ?*
- *Ce que j'ai aimé et moins aimé chez mes parents et beaux-parents, en tant que grands-parents, c'est…*
- *Ce que j'ai aimé et ce que je garde de mes grands-parents, c'est…*

ÉDUCATION : CE QU'IL VAUT MIEUX ÉVITER DE DIRE OU FAIRE

Évidemment, on a toujours envie que tout se passe bien. Mais pour cela, il faut savoir mettre « de l'eau dans son vin », comme le disaient nos grands-parents ! Voici une liste (non exhaustive) des points de vigilance !

Bannir les remarques qui pourraient être mal perçues

Il n'est pas toujours simple de laisser la place et de tenir son rôle... Parfois, certaines remarques vous brûlent les lèvres, comme « *Laisse-la souffler un peu, tu vois bien qu'elle est fatiguée* » ou « *Mais non, pas la peine d'aller voir un psy parce que tu penses qu'il est hyperactif, il a juste besoin qu'on lui rappelle les règles de politesse, cet enfant !* ». Surtout... abstenez-vous ! Vos petits-enfants ne sont pas vos enfants, ce sont donc leurs parents qui doivent décider de ce qui est bon pour eux en matière d'éducation.

Tenir son rôle...

Et tout bien réfléchi, ce n'est pas si mal, de pouvoir profiter de ses petits-enfants, sans avoir à se soucier de politesse, de bonne tenue à table et autres règles de bonne éducation, n'est-ce pas ?

Témoignage

Danielle, grand-mère de 4 petits-enfants

« Une nounou m'a confié une astuce que j'ai gardée : je ne dis jamais à mes enfants : "il a fait quelques pas" ou "sa première dent est en train de pousser". S'ils sont déjà au courant, je ne leur apprends rien et s'ils ne le sont pas, ils s'en voudront – et m'en voudront ! – de ne pas avoir vu ou de ne pas avoir été là... Donc sur ces sujets, motus ! »

Finalement, tout va plutôt bien aujourd'hui !

Que vos enfants aient tendance à s'imposer ou soient plutôt soumis, n'allez pas au conflit ou ne profitez pas de la situation pour tenter de passer en force, le risque étant bien entendu que les choses se terminent mal ! Vous ne souhaitez pas que vos enfants décident de couper les ponts avec vous, n'est-ce pas ?

Vous devez donc être présent(e) sans envahir, expliquer sans imposer, ne pas donner votre avis même si vous êtes sûr(e) d'avoir raison... d'autant plus que vous avez parfois affaire à une sacrée mauvaise foi ! Ces parents débutants qui croient tout savoir parce qu'ils ont lu le bouquin du nouveau pédiatre à la mode vous font bien rigoler ? Peut-être... mais chut, laissez-les faire leur apprentissage à leur guise !

Témoignages

Marie-Josée, grand-mère de 8 petits-enfants

« Parfois, on se dit avec mon mari que les enfants d'avant étaient plus sages. Aujourd'hui, on s'en occupe trop, on ne leur laisse pas le temps de respirer... Mais bon, je ne dis jamais cela à mes enfants ! »

Après tout, vous n'êtes pas si mal loti : autrefois, les parents reproduisaient avec leurs enfants le modèle éducatif qu'ils avaient eux-mêmes reçu, puis, dans les années 1970, ils ont fait l'inverse de leurs parents (c'était votre cas, n'est-ce pas ?). Les jeunes parents d'aujourd'hui se distinguent à leur façon des générations précédentes, mais en douceur : ils ne veulent pas de conseils, mais ils ont envie de conserver une bonne entente et... ne disent pas aux grands-parents qu'ils ont tort (même s'il leur arrive parfois de le penser, probablement !).

Ils ne veulent pas de conseils

Ces nouveaux parents ont à leur disposition pléthore de moyens pour chercher (et trouver) des conseils ailleurs : auprès de spécialistes de l'éducation, de livres, de forums sur Internet...

Vos enfants seront donc peut-être des parents très différents de ceux que vous étiez : que vous soyez d'accord ou pas avec ce choix, évitez d'en parler, et tout se passera bien !

Les reproches fréquents des jeunes parents

Ingérence, autoritarisme, « paroles de trop », maladresses entre leurs enfants ou avec les petits-enfants, silences qui en disent long… C'est la longue liste des reproches faits par de jeunes parents aux grands-parents (merci, n'en jetez plus !). Ces comportements, répétés, finissent par devenir insupportables et font partie des raisons qui conduisent à une prise de distance vis-à-vis des grands-parents.
« Après la naissance des petits-enfants, l'éducation devient le sujet premier de désaccord (31 %) entre les nouveaux grands-parents et les nouveaux parents. Déchargés des responsabilités éducatives, ils recueillent alors toutes les gratifications affectives. Et il semble qu'ils savent aujourd'hui occuper ce rôle à la satisfaction des parents puisque jamais ils n'ont autant eu de contacts directs et réguliers avec leurs petits-enfants. »
(Source : Étude CAF 2005)

Check-list pour que tout se passe bien, avec les petits comme avec les grands :

1. Ne vous prenez jamais pour les parents
Lorsque vous donnez des conseils… et (pas de mensonge, même par omission) lorsque vous emmenez votre petite-fille au square et que l'on vous complimente sur votre si joli bébé !

2. Évitez de donner des conseils
La relation avec les parents est une relation d'adulte à adulte !

3. Respectez les choix des parents
S'ils ne veulent pas entendre parler de tétine, par exemple, ne profitez pas du fait qu'ils aient le dos tourné pour fourrer une tototte dans la bouche du bébé...

4. Ne portez jamais de jugement
En effet, mieux vaut s'abstenir de dire à ses enfants que leurs rejetons sont impolis, qu'ils mangent comme des petits cochons ou qu'ils sont attifés comme l'as de pique !

UN SUJET QUI POURRAIT FÂCHER TRÈS FORT...

Pas question de prendre l'initiative d'inculquer des préceptes religieux ou de partager des points de vue politiques avec vos petits-enfants s'ils sont en contradiction avec les opinions de leurs parents !

5. Suivez les règles émises par les parents

Chez vous aussi, ce sera bain à 18 heures, dîner à 19 et coucher à 20... si les parents vous l'ont demandé. C'est bien sûr valable pour les tout-petits, car pour les plus grands, vous pourrez peut-être négocier !

6. Ne vous attribuez pas de rôle éducatif

Surtout, faites en sorte de ne pas être en contradiction avec les parents, surtout s'ils vous confient régulièrement leurs enfants !

7. Ne vous plaignez jamais, même si vos petits-enfants vous épuisent parfois !

Sinon, soit vos enfants culpabiliseront, soit ils penseront que vous n'avez pas vraiment envie de passer du temps avec vos petits-enfants... (pffff !).

8. Ne soyez pas intrusif/(ve)

Attendez d'avoir été invité(e) pour vous rendre chez vos enfants, ils n'apprécieront pas toujours vos visites à l'improviste ! (même avec un super gâteau au chocolat...).

9. Évitez les mots qui font mal

Ne critiquez pas vos petits-enfants, leur éducation, leur physique, un de leurs parents... Ne les comparez pas à leurs cousins. Acceptez chacun de vos petits-enfants comme il est, avec ses qualités et ses défauts !

10. Ne faites pas de vos petits-enfants votre seule raison de vivre...

Vous serez forcément déçu(e) et malheureux/(se) si vos petits-enfants se détournent de vous à l'adolescence... ces ingrats !

Quelques chiffres

- *1/3 des parents pensent que leurs enfants aimeraient voir leurs grands-parents plus souvent.*
- *2/3 des parents attendent des grands-parents qu'ils passent simplement du temps avec leurs petits-enfants et créent des liens avec eux.*
- *3/4 des parents ont bénéficié de services de la part des grands-parents.*
- *50 % des parents ont reçu une aide financière des grands-parents.*
- *56 % des parents attribuent une place importante aux grands-parents maternels dans l'éducation de leurs enfants.*

(Source : étude de l'Observatoire des familles, 2020.)

APPRENDRE À DEVENIR GRAND-PARENT PENDANT LA GROSSESSE

Neuf mois ne seront pas de trop pour apprendre à devenir parfaitement opérationnel(le) ! Ces trente dernières années, tellement de choses ont changé, il va falloir vous remettre à la page ! Courage, y a du boulot ! Comment se préparer ?

Être (ou devenir !) tolérant(e)

Un enfant sur deux naît désormais hors mariage : pas la peine d'insister auprès des futurs parents pour savoir s'ils comptent se marier « pendant la grossesse ou après »... Ne demandez pas non plus à votre fille ou belle-fille si elle compte s'arrêter de travailler : en France, huit jeunes mères sur dix travaillent, la plupart à plein temps quand elles n'ont qu'un enfant.

Un enfant sur deux naît hors mariage

Vous renseigner sur ce que les futurs parents attendent de vous

Si vous êtes très heureux de devenir grand-père ou grand-mère, ne clamez pas pour autant que cet enfant va changer votre vie et que vous rêvez de vous remettre à pouponner... car, hum, comment dire... cela risque d'être envisagé avec un peu d'inquiétude par les futurs parents !

- Souhaitent-ils que vous gardiez ce bébé régulièrement ?
- Que vous l'emmeniez en vacances quand il sera plus grand ?
- Que vous lui appreniez votre langue natale si vous avez des origines étrangères ?
- Mettez tout de suite les choses au clair, ce sera bien utile pour plus tard.

Témoignage

Nathalie, grand-mère de 2 petits-enfants

« On peut souvent être d'une grande aide juste après la naissance : tout le monde est un peu chamboulé, mais en tant que grand-parent, on est déjà passé par là et on peut apporter conseils judicieux et sérénité... Si on peut faire passer le message le plus tôt possible, c'est mieux ! »

Savoir déjà dire non

Hé oui, être grand-parent, ce n'est pas seulement se taire et obéir aux ordres ! S'il est légitime pour vos enfants d'attendre un coup de main de votre part, expliquez-leur déjà que ce ne sera pas systématique. Vous avez votre propre vie, vos envies et vos obligations. De toute façon, pour vos enfants, s'installer durablement dans la demande maintient une position infantilisante... qui n'est pas recommandée pour de jeunes parents, n'est-ce pas ?

Remettre à jour vos connaissances en matière de puériculture !

Attention, vous allez probablement devoir tout réapprendre ! Vous avez nourri vos enfants au lait en poudre et les avez couchés sur le ventre ? Aujourd'hui, c'est exactement l'inverse : l'allaitement maternel est très répandu, et les coucher sur le dos, obligatoire !

Et ce n'est pas tout, du maniement de la poussette à la recette des petits plats préparés dans un robot spécial bébé, il y a énormément de sujets à réviser ! Nous en reparlerons dans un prochain chapitre, c'est bien nécessaire !

Témoignage

Annie, grand-mère de 3 petits-enfants (bientôt 4 !)

« Ce ne sont pas les nouveaux articles de puériculture qui m'ont le plus impressionnée, mais plutôt le régime désormais très strict des femmes enceintes : pas simple d'organiser un repas de famille avec tous ces aliments interdits. »

Préparer votre maison !

Si vous êtes amenés à recevoir régulièrement votre petit-enfant (éventuellement parce que ses parents viennent souvent en week-end), achetez l'équipement de base pour chez vous : un transat, un lit parapluie, une petite baignoire en plastique... Cela sera bien utile pour vos enfants, qui n'auront pas tout à transporter ! En plus, vous pourrez vous faire plaisir sur le choix du matériel, que vous pourrez choisir à votre goût, sans demandez l'avis de quiconque.

Petite baignoire en plastique...

Acheter des cadeaux

Cela nécessite d'être prudent(e) ! Pour un premier enfant, les parents sont souvent très exigeants : ils voudront une gigoteuse assortie à la couleur des murs de la chambre, un certain modèle de poussette repéré sur un catalogue, telle marque de doudous qui leur semble plus écolo, etc. Demandez-leur ce qui leur ferait plaisir... pour être sûrs de leur faire plaisir ! Et pourquoi ne pas leur proposer une balade de repérage dans les magasins de puériculture ?

Et pour le prénom, je ne donne pas mon avis

On ne moufte pas lorsqu'on vous apprend que votre petite-fille va s'appeler Suzette ou votre petit-fils Raymond. Ces prénoms peuvent ne pas être à votre goût mais ce sont les parents qui choisissent. Et puis vous verrez, quel que soit son prénom, vous vous finirez par l'aimer, car il sera indissociable de votre petit-enfant, le plus mignon au monde !

Témoignage

Françoise, grand-mère de 4 petits-enfants

« Mes petits-enfants ont des prénoms plutôt classiques, que j'aime bien. Mais je me souviens très bien de la tête déconfite de l'une de mes collègues quand elle nous avait annoncé la naissance de son petit-fils Jules il y a vingt ans... Elle avait ajouté que sa grand-mère appelait ainsi son pot de chambre ! Pourtant, aujourd'hui, ce prénom est très à la mode.. avec une sonorité agréable, n'est-ce pas ? »

Pas si facile d'être de jeunes parents !

À l'annonce d'une grossesse, les jeunes parents – notamment les mères – sont l'objet de remarques sur leur alimentation, leur mode de vie, leur sommeil… À la naissance, ce seront les pleurs du bébé, son sommeil, l'allaitement, etc., qui susciteront maints commentaires. Même si elles sont bienveillantes, ces réflexions peuvent néanmoins sonner comme des remises en cause de la légitimité des jeunes parents. C'est ainsi que des crispations peuvent s'installer plus ou moins durablement dans la famille. À retenir : ne donner des conseils que si on vous en demande !

COMMENT AIDER MES ENFANTS APRÈS LA NAISSANCE ?

Les premiers jours

À la naissance, et au cours des premières semaines du nourrisson, les jeunes parents font parfois peu appel à leurs propres parents (du moins à votre goût !).

La relation à trois avec le bébé

Ce qui compte avant tout pour la nouvelle famille, c'est la relation à trois avec le bébé. Par ailleurs, l'accueil, les soins, l'hygiène et la nourriture du tout-petit sont de plus en plus maîtrisés par les jeunes parents.
Ils affirment aussi de cette façon leur autonomie...

Quant à vous, si c'est votre premier petit-enfant, peut-être serez-vous si impressionné(e) par ce petit être « *si petit et si fragile* » que vous n'oserez pas le prendre dans vos bras... et serez finalement soulagé(e) de ne pas avoir à vous en occuper avant quelques mois ?

Les cadeaux à faire à mes enfants

Dès l'annonce de la grossesse, vous vous êtes mis(e) à acheter frénétiquement vêtements et jouets pour votre petit-enfant... mais n'avez pas pensé aux parents, qui seront ravis, eux aussi de recevoir des cadeaux, car on ne pense pas assez souvent à eux !
Voici une liste de ce qui pourrait leur faire plaisir :
- *Un bon cadeau pour un massage, une visite chez le coiffeur ou l'esthéticienne : très bien pour votre fille, peut-être moins pour votre belle-fille, qui vous demandera si vous trouvez qu'elle se néglige !*
- *Une nuit de vrai sommeil : en vous improvisant comme baby-sitter à domicile, après leur avoir donné des boules Quies... ou encore mieux, réservé une nuit à l'hôtel !*
- *Une soirée à deux : réservez-leur une table au restaurant ou des places de cinéma (voire les deux !) et là encore, proposez-vous pour garder le bébé.*

Au fil des mois, et au fur et à mesure que s'affirmera le « style parental » de vos enfants (toujours collés à leur progéniture ou ravis de pouvoir souffler de temps à autre), vous aurez certainement de nouvelles idées à leur proposer !

Témoignage

Annie, grand-mère de 3 petits-enfants

« Je trouve qu'après la naissance, les jeunes mamans sont terriblement abandonnées. Elles sortent très vite de la maternité. J'ai aidé ma fille pour l'allaitement de son premier bébé. À l'hôpital, on ne lui avait rien expliqué. Avec des amies, nous nous sommes même posé la question de créer une association pour aider les jeunes femmes qui viennent d'accoucher. »

Les premiers mois

Il faudra « dépanner » pendant quelques semaines

Dès la fin du congé de maternité, et quel que soit le mode de garde choisi, les grands-parents vont être sollicités, occasionnellement, pour une soirée, un week-end, les vacances ou même au quotidien. Parfois, il faudra « *dépanner* » pendant quelques semaines ou mois, le temps que se libère la place en crèche ou chez la nounou. C'est à cette période, alors qu'il a 4-5 mois environ, que les grands-parents – et le plus souvent les grands-mères, plus intéressées par les tout-petits que les grands-pères, en général, ce n'est pas votre avis ? – commencent à développer une vraie relation avec leur petit-enfant. Beaucoup de grands-mères trouvent que cela prend du temps, qu'on ne devient pas grand-mère de la même façon instinctive que l'on devient maman. C'est une autre découverte et une relation différente. C'est d'autant plus vrai si vous êtes active, avez un emploi ou des loisirs accaparants.

PRENEZ DES PHOTOS !

Prenez plein de photos des moments que vous passez avec vos petits-enfants et faites-en un album ou un calendrier chaque année, c'est tellement simple aujourd'hui avec les sites Internet spécialisés. Cela vous fera de beaux souvenirs communs, et permettra aux parents de voir ce que vous faites ensemble !

Apprendre à être grand-parent

L'École des grands-parents européens (EGPE) est un lieu d'échange et de réflexion sur le rôle et la place des grands-parents. Objectif des groupes de parole : dialoguer, prendre du recul par rapport à ses propres difficultés et travailler en amont des ruptures pour essayer de les prévenir. 12, rue Chomel, 75007 Paris. Tel. : 01 45 44 34 93.

Témoignage

Nathalie, grand-mère de 2 petits-enfants

« Il manque des lieux de rencontre pour les parents de tout-petits. Ma belle-fille, qui vit loin de nous, est souvent seule toute la journée avec ses deux petits, elle serait heureuse de pouvoir échanger avec d'autres mamans. »

Des premières années à l'adolescence

Votre rôle se dessinera de plus en plus précisément

Avec le temps, votre rôle se dessinera de plus en plus précisément. Vous aurez pris votre retraite, si ce n'était pas le cas à la naissance, vous aurez eu d'autres petits-enfants, vous saurez ce que vos enfants attendent de vous… Bref, vous serez un grand-parent de compète !

À l'adolescence, c'est une nouvelle relation qui se nouera avec votre petit-enfant, car c'est lui qui en fera le choix, de manière autonome, sans se soucier de l'avis de ses parents. Il pourra décider de dormir chez vous le week-end et vous confier ses soucis au collège ou au lycée, ou bien ne plus apparaître dans votre vie car il aura donné la priorité à sa bande de copains…

Les cas de figure sont différents, et fluctuants, comme l'adolescence elle-même. À l'âge adulte, il reviendra certainement vers vous… avant que vous ne deveniez arrière-grand-parent !

DES GROUPES DE PAROLE POUR PARENTS & GRANDS-PARENTS

À Paris, le Café de l'École des parents propose aux parents et aux grands-parents des groupes de parole.
162, boulevard Voltaire, 75011 Paris.
Rens. : 01 44 93 44 84.

Toujours être à l'écoute des parents

Bien sûr, il faudra continuer à écouter les parents (très important !), qui auront souvent des avis très tranchés sur « ce qui se fait » ou « ce qui ne se fait pas » avec leur progéniture. Par exemple, certains grands-parents estiment que les parents d'aujourd'hui s'inquiètent trop de la sécurité des enfants, qui doivent porter des casques pour faire du vélo, du ski, de la planche à roulettes. Mais cela fait partie des choses nouvelles qu'il faut accepter… À la prochaine sortie au square, n'oubliez pas le casque !

Un soutien financier

Si les grands-parents accompagnent au quotidien les parents dans leur organisation, ils les aident également à améliorer leur niveau de vie. Dès la naissance de leur premier petit-enfant, près des 2/3 des grands-parents ont apporté ou anticipé un soutien financier, occasionnel ou régulier, pour alléger les contraintes budgétaires des jeunes parents. Cette aide se poursuit ensuite tout au long de l'enfance et de l'adolescence. Alimentation, transports, argent de poche, cadeaux, vêtements et loisirs sont les postes de dépenses principaux.
(Source : enquête de l'Observatoire E. Leclerc, 2018.)

BABY-SITTER ? JE N'AI PAS QUE ÇA À FAIRE !

Je ne suis pas obligé de devenir grand-parent à plein temps !

Les grands-parents de la génération du baby-boom sont-ils devenus des hédonistes égoïstes, préférant la perspective d'un voyage sous les tropiques ou leurs cours d'aquagym plutôt que celle des sorties d'école ?

Vous préférez profiter de votre liberté

Vous estimez que vous avez eu vos enfants, que leur éducation a déjà été bien assez pénible et que désormais, vous préférez profiter de votre liberté ? Vous changerez probablement d'avis plus tard et vous attacherez certainement à vos petits-enfants, quand ils auront un peu grandi.

D'autres grands-parents, s'ils aiment leurs petits-enfants et sont prêts à les accueillir régulièrement pendant les vacances, ne sont pas d'accord quand il s'agit de les garder sur un rythme plus intensif. Beaucoup d'entre vous préférez choisir quand et comment vous occuper de vos petits-enfants. Les liens familiaux, c'est bien, mais se laisser enfermer dans de nouvelles contraintes et obligations, non merci !

Témoignage

Marie-Josée, grand-mère de 8 petits-enfants

« Je n'envie pas les grands-parents qui gardent leurs petits-enfants tous les jours. Quand on a élevé ses propres enfants, on a envie de passer à autre chose ! Et puis à la retraite, on n'a plus envie de se créer de nouvelles contraintes horaires, même si je suis très contente d'aller les chercher à l'école, de temps en temps. »

On a le droit d'être fatigué(e), ou occupé(e) ailleurs !

Vos enfants comprendront vite que plus les grands-parents sont épanouis, plus ils pourront compter sur eux. Ne vous sentez pas coupable de refuser certains services mais prenez toujours le temps d'expliquer pourquoi vous dites non.

Vous ne pouvez pas vous occuper de vos petits-enfants nuit et jour

S'il est légitime de la part de vos enfants d'attendre un coup de main de votre part, ils ne doivent pas espérer une aide systématique. Vous ne pouvez pas vous occuper de vos petits-enfants nuit et jour, et puis vous avez votre travail, vos loisirs et vos amis !

Et pourtant, la grand-mère est la baby-sitter préférée des enfants !

La personne par laquelle les enfants aiment le plus être gardés, hormis les parents, est leur grand-mère. Pourquoi ? Sans doute parce que les grands-mères ont plus de temps (si elles sont retraitées), et sont plus patientes et plus permissives que les parents. Quand les grands-parents gardent ensemble plusieurs petits-enfants, ce sont aussi des moments « entre cousins » très appréciés !

Je m'occupe aussi de mes parents

Votre génération a un rôle charnière

Vous avez parfois une excellente raison de ne pas être disponible pour vos petits-enfants : vous devez également vous occuper de vos parents. Car si votre génération bénéficie de l'allongement de l'espérance de vie, de la retraite à 60 ans (ou pas trop tard !), et de pensions correctes, elle joue aussi un rôle charnière, car si elle s'implique activement auprès de ses petits-enfants, elle assume souvent en parallèle un rôle de soutien pour ses propres parents très âgés.

**DE L'AMOUR…
ET DES ÉCONOMIES !**

En moyenne, les grands-parents français gardent leurs petits-enfants neuf heures par semaine, ce qui représente un vrai gain financier pour les parents ! L'investissement affectif a un vrai pendant économique à sa mesure.

(Source : sondage Ipsos pour *Notre Temps*, 2018)

Témoignage
Annie, grand-mère de 3 petits-enfants

« Nous sommes une génération pivot entre nos parents âgés et nos petits-enfants ! C'est très prenant et parfois difficile moralement. Quand nous avons encore des enfants à charge, nous sommes une génération qui en porte trois ! »

JE GARDE MES PETITS-ENFANTS AU QUOTIDIEN

Vous faites partie de ces grands-parents (4 % à 9 %) chargés de garder tous les jours leurs petits-enfants, à plein temps en semaine avant l'entrée à l'école, puis après l'école et le mercredi après-midi jusqu'au collège, voire plus tard ?
Selon la Caisse nationale d'allocations familiales, 4 % des enfants de moins de 3 ans sont concernés, en semaine entre 8 et 19 heures. Ce chiffre passe à 9 % lorsque les deux parents travaillent à temps complet.
Bien évidemment, garder un enfant tous les jours, c'est un vrai travail et une responsabilité. Dans les cas où les grands-parents sont moteurs et impliqués dans ce choix, les rapports avec leurs enfants s'améliorent et évidemment, les liens d'amour qui se créent avec le bébé, puis le petit-enfant sont très forts ! Il faut cependant bien avoir à l'esprit que cette situation a des avantages, mais aussi des inconvénients. Faisons le point !

Les avantages

Cela permet de nouer des liens très forts avec vos petits-enfants
Évidemment, c'est « près des yeux, près du cœur » : ils grandissent auprès de vous et vous observez chaque jour leurs progrès. Cela contribue à créer des liens indéfectibles.

Cela renforce votre relation avec vos enfants
Bien sûr, le lien affectif que vous entretenez avec vos petits-enfants est pour beaucoup dans la confiance que vos enfants vous portent. Mais ils savent aussi que vous êtes fiable, responsable et vigilant(e), ils vous le disent et cela vous fait plaisir !

C'est pour vous un complément de revenus

À la condition bien sûr que vous soyez rémunéré(e) pour garder votre petit-enfant ! Si vous le gardez au domicile de ses parents, vous pouvez avoir le statut de salarié et vos enfants celui d'employeurs. C'est une décision importante, à aborder à tête reposée avec vos enfants. Si vous le faites bénévolement, et avec plaisir, veillez à ce que votre travail soit cependant reconnu par vos enfants. (Note à ceux qui liront : un vrai beau cadeau de temps en temps, c'est plus que mérité !)

Vous pouvez avoir le statut de salarié

Les inconvénients

Vous n'êtes pas la nourrice et refusez d'obéir aux ordres !

Pas de balade quand il fait 15 °C, même bien couvert ? Et vous, vous allez devoir hiberner dans votre salon avec le bébé ? Vous avez raison de dire non, mais si c'est au prix de nouvelles disputes chaque semaine, cela va vite devenir très inconfortable...

Votre fille/belle-fille estime que vous voulez prendre sa place auprès du bébé ?

Bien sûr que non, loin de vous l'idée de concurrencer la maman (ou le papa !). Vos enfants se sentent peut-être coupables de ne pas s'occuper de leur enfant à plein temps, et cela les hérisse de se faire appeler « mamie » ou « papi » chez eux le soir... Ce n'est pas votre faute. S'ils ne peuvent pas le comprendre, il faut qu'ils recherchent un autre mode de garde.

ET VOS HORAIRES ?

Bien entendu, ils sont extensibles à volonté ! Vous ne déposerez évidemment pas votre petit-enfant au commissariat parce que ses parents, bloqués dans les embouteillages ou à cause d'une réunion impromptue ne seront pas là à 18 h 30 précises... et cela au détriment de votre temps libre.

Vos tarifs défient toute concurrence

Justement vous n'êtes pas payé(e) du tout... et cela peut parfois être un problème. Vos enfants oublient d'acheter des couches, exigent des plats préparés avec des légumes bio et tout cela a un impact sur votre portefeuille ? Demandez à être remboursé(e) et si nécessaire, donnez-leur chaque semaine la liste de vos dépenses.

Témoignage

Claire, grand-mère d'une petite-fille

« J'ai gardé ma petite-fille, en alternance avec son autre grand-mère, jusqu'à son entrée à la maternelle. Cela n'a pas toujours été facile, j'étais jeune retraitée et ce n'est que maintenant que j'ai enfin l'impression de souffler. Mais c'était important pour ma fille, et ma petite-fille est vraiment adorable. Ceci étant, j'ai prévenu qu'il faudrait trouver quelqu'un d'autre pour garder le deuxième... L'autre grand-mère aussi ! »

Quelques conseils pour que tout se passe au mieux !

Définir les horaires et les dates de vacances avec vous

Comme avec une nounou professionnelle, il est important d'aborder dès le départ la question des horaires et des vacances. Vous avez le droit de vous reposer et d'avoir des loisirs. Le bébé peut peut-être aller à la halte-garderie un jour ou deux par semaine, pour que vous puissiez souffler ?

Demander une rémunération... ou un remboursement des dépenses engagées !

Il ne faut pas occulter la question financière : les parents doivent penser à fournir la nourriture (petits pots), les couches et lingettes, ou au moins un dédommagement. Ils peuvent aussi, par exemple, rembourser l'essence, si vous devez vous déplacer pour garder le bébé.

Adopter les mêmes principes d'éducation

Les grands-parents « du quotidien » doivent faire preuve de rigueur avec leurs petits-enfants : respecter leur rythme de sommeil, leur équilibre alimentaire, ne pas céder aux caprices et imposer une certaine discipline. Vous devrez appliquer les consignes éducatives des parents et respecter leurs interdits. Il est donc essentiel de discuter au préalable de tous les points importants pour éviter les désaccords.

Établir un « contrat »

De manière générale, s'entendre sur le « qui fait quoi et comment » est d'autant plus important que l'on est dans un contexte familial. Mieux vaut prévenir que guérir ! Se mettre d'accord avant et au calme sur les règles de garde est toujours plus utile que se disputer à force de malentendus.
Il est donc nécessaire d'établir, idéalement par écrit, un contrat qui respecte les besoins de chacun et qui pourra être modifié ultérieurement.

Des millions d'heures de garde !

Au total, les grands-parents effectueraient environ 16,9 millions d'heures de garde par semaine auprès des petits (8,2 millions d'heures pour les enfants de zéro à deux ans et 8,7 millions d'heures pour les trois à cinq ans).
Selon la même enquête, environ 2/3 des enfants de moins de 6 ans sont gardés au moins occasionnellement par leurs grands-parents. 19 % les gardent de façon régulière, 15 % uniquement pendant les vacances et les week-ends, et 32 % en dépannage en semaine ainsi que pendant les vacances et les week-ends. (Source : étude de la Drees, 2018)

ET VOUS ? LIBRES OU CONTRAINTS ?

42 % des grands-parents se plaignent de se sentir « à la disposition » de leurs enfants. Autant déplorent de recevoir peu de nouvelles de leurs petits-enfants. À l'inverse, 57 % ne ressentent aucun de ces désagréments : ils se sentent libres ; 85 % se permettent même de déroger aux règles éducatives fixées par les parents !

(Source : sondage Ipsos pour *Notre Temps*, 2018)

ÊTRE GRAND-PARENT À DISTANCE

Vous vivez loin de vos enfants ? Peut-être avez-vous décidé de prendre votre retraite au soleil, ou bien vos enfants ont-ils choisi de s'expatrier pour un temps ou définitivement ?
C'est difficile d'être un grand-parent à distance. On se sent forcément frustré de rater les premiers sourires, les premiers pas, les premiers mots, les anniversaires, ou encore l'entrée à l'école... Heureusement, les nouvelles technologies permettent d'abolir, au moins en partie, la distance !

Pour les grands-parents dont la santé est fragile, la pandémie mondiale de Covid a apporté son lot de contraintes, et notamment la nécessité de s'isoler de ses proches, même s'ils résident à proximité...

Vive Skype et Facebook !

Mieux que le téléphone, Skype, Facebook, WhatsApp, ou encore les blogs « de famille » permettent de se voir, de se parler « en instantané », de publier des photos et vidéos au quotidien et ainsi de conserver un lien fort, malgré les kilomètres.
Si vous ne savez pas vous servir de ces outils... prenez vite des leçons ! Votre motivation vous permettra d'apprendre rapidement et vous serez vraiment récompensé(e) des efforts consentis !

Témoignage

Florence, grand-mère de 3 petits-enfants

« Nos petits-enfants ont très vite appris à se servir de Skype. Ils sont très spontanés avec cet outil. D'une certaine façon, ça abolit la distance, parce qu'on se voit en se parlant, mais c'est aussi frustrant de se dire qu'en cas de problème on ne peut de toute façon pas intervenir. »

Allez les voir dès que c'est possible

Évidemment, de multiples facteurs entrent en ligne de compte : vous n'avez pas les moyens de financer un billet d'avion, ils n'ont pas la place nécessaire pour vous recevoir… Faites-le si c'est possible, et n'oubliez pas de les inviter également à vous rendre visite, car ils attendent peut-être que vous le leur proposiez !

LES LISTES SONT VOS AMIES !

Quand on voit peu ses petits-enfants, on a envie de profiter à fond des moments que l'on passe quand on est avec eux ! Alors c'est trop bête d'avoir oublié de faire la sortie au zoo dont Salomé et Valentin vous avaient parlé au téléphone juste avant votre départ… Notez au fur et à mesure toutes les idées et demandes de vos petits-enfants sur ce qu'ils ont envie de faire avec vous (et aussi celles que vous avez envie de faire avec eux, bien sûr !), comme cela, une fois chez eux, vous n'aurez qu'à la consulter pour décider chaque matin en un clin d'œil du programme de la journée !

Témoignage

Annie, grand-mère de 3 petits-enfants

« Mes petits-enfants vivent en Chine. Quand on les voit, on passe vraiment du temps avec eux, on est en fusion totale, chez eux ou chez nous, et même si c'est seulement trois fois par an, en nombre d'heures passées, c'est sans doute plus qu'avec des petits-enfants qu'on verrait au déjeuner tous les dimanches. »

Ils ont leur vie, vous aussi

Ne soyez quand même pas suspendus aux nouvelles... Si vous êtes invités le soir de la semaine où vous avez prévu de vous parler par Skype, ce n'est pas grave, vous les contacterez le lendemain, et ils feront pareil dans la même situation !

Témoignage

Nathalie, grand-mère de 2 petits-enfants

« Je travaille, j'ai un métier que j'aime. Je ne peux pas compter sur mes petits-enfants pour remplir ma vie. C'est un autre équilibre à trouver. »

Ne vous sentez pas coupable

Les autres grands-parents, ou d'autres membres de la famille, les voient plus souvent ? Tant mieux pour eux... Vous n'avez pas les moyens d'aller les voir deux fois par an, vous n'y pouvez rien ! Vos enfants le comprendront très bien et sauront l'expliquer aux petits.

Témoignage

Marie-Josée, grand-mère de 8 petits-enfants

« C'est dur d'être à distance, surtout quand ils sont tout petits, on a le sentiment de ne pas les voir grandir. Mon premier petit-fils, Thibault, habitait à 550 kilomètres de la maison. À chaque fois qu'on le voyait, on comptait les semaines voire les mois, jusqu'à la visite suivante. Quand ils sont plus grands, c'est différent, même si on ne les a qu'au téléphone, on a un véritable échange. »

Les trucs et astuces des grands-parents (tenus) à distance

• **On n'oublie pas de se dire je t'aime**, même par écran interposé !

• **Beaucoup de grands-parents se font du souci pour leurs petits-enfants,** cette « génération Covid » qui a grandi dans la crainte, derrière un masque et isolée du monde extérieur. Plutôt que de les plaindre amèrement, expliquez-leur que nous vivons tous un moment historique ! Si vous avez l'habitude de leur parler de votre propre enfance, dites-leur d'imaginer comment eux-mêmes raconteront cette période à leurs petits-enfants… Une bonne façon de bien s'amuser, tout en dédramatisant !

• **Cependant, parfois, même en étant tenus à distance, vous ne pourrez que constater le mal-être de vos petits-enfants :** les plus jeunes ont peut-être du mal à exprimer leurs angoisses face à leurs parents eux-mêmes stressés. C'est dur de ne plus voir les copains en dehors de l'école, triste de ne pas pouvoir aller en classe de neige… Essayez de leur changer les idées, faites-les rire, dites-leur que tout cela ne sera bientôt qu'un mauvais souvenir !

• Comment ne pas se faire oublier des tout-petits ?
Pour leur faire entendre votre voix régulièrement, vous pourrez enregistrer et leur envoyer une histoire à écouter au moment du coucher (cela fera plaisir aussi aux parents, qui ne seront pas obligés de lire eux-mêmes tous les soirs !). Le colis surprise, envoyé par La Poste, contenant livre, jouet ou bonne confiture maison sera également apprécié !

• Comment rester en contact avec les 7-12 ans et les ados ?
Le courrier postal fonctionne toujours très bien (on n'y pense qu'aux anniversaires, mais tout le monde est content de recevoir un courrier en dehors des « grandes occasions » !). Évidemment, les appels téléphoniques réguliers permettent de garder le lien, tout comme les mails, un coucou sur les réseaux sociaux ou une visioconférence si vous êtes équipés d'une webcam, d'un smartphone ou d'une tablette ! N'hésitez pas à leur donner des rendez-vous en visio : mardi de 17 à 18 heures pour une aide aux devoirs, ou mercredi à 14 heures pour préparer ensemble un bon dessert (à prévoir assez tôt en envoyant une liste des ingrédients nécessaires).

À chacun de trouver la façon de communiquer qui lui correspond pour entretenir le lien familial. La séparation sera d'autant plus facile à vivre des deux côtés, et le moral restera au beau fixe !

UNE IDÉE À TESTER, LES GOÛTERS ZOOM !

Il y a la version « apéro Zoom » entre adultes (plébiscitée au printemps 2020), mais à l'heure du goûter, Zoom fonctionne également très bien pour échanger avec les petits (à partir de sept ans environ). Vous pouvez même leur proposer de cuisiner ensemble. Envoyez à vos loulous une liste avec les ingrédients nécessaires, fixez-vous un rendez-vous et préparez le même plat chacun de votre côté, étape par étape. Vous pourrez même vous retrouver à la fin de la cuisson pour déguster votre plat en tête à tête !

Bien entendu, cette option est déclinable quasiment à l'infini ! Vous pouvez jouer à distance à des jeux de société, faire le même puzzle, chanter en duo, danser...

JE NE VOIS JAMAIS MES PETITS-ENFANTS, QUE FAIRE ?

Certains grands-parents sont confrontés à des situations dramatiques lorsque, pour diverses raisons, ils sont privés de leurs petits-enfants et se trouvent dans l'incapacité de jouer le rôle qu'ils désireraient avoir auprès d'eux.
Conflits familiaux, divorce ou éloignement géographique, décès de l'un des parents ; ces ruptures provoquent douleur et détresse, lourdes de souffrances pour l'enfant comme pour ses grands-parents.
Bien que cela risque de ne pas vous rassurer, c'est un cas de figure plutôt fréquent. Le site de l'École des grands-parents européens mentionne que c'est la plainte la plus souvent reçue.

Essayez de comprendre ce qui s'est passé

Pour tenter de remédier à la situation, essayez de comprendre ce qui a pu poser problème du côté de vos enfants :

- Manque de confiance, jalousie, critiques que vous auriez pu émettre ?
- Avant la naissance de vos petits-enfants, aviez-vous de bonnes relations avec votre gendre/belle-fille ? Connaissez-vous ses parents ? Savez-vous s'ils continuent de les voir ?
- Vous est-il arrivé de donner des conseils non demandés, de passer chez vos enfants sans vous être annoncé(e) ?
- Avez-vous eu des disputes ?
- Vous est-il arrivé de donner votre avis sur l'éducation de vos petits-enfants ?
- Vos enfants pensent-ils que vous préférez vos autres petits-enfants, qui habitent plus près et que vous gardez tous les jours ?

• Vous intéressiez-vous à vos petits-enfants ? Autant qu'à leurs cousins, par exemple ?
• Êtes-vous trop sévère ? Parfois injuste ?
• À quel moment le silence s'est-il installé ?

Parfois, il est important de faire un travail sur soi, avec un psychologue, pour pouvoir s'excuser, pardonner et reprendre la relation sur de nouvelles bases. Il ne s'agit pas forcément de vous jeter la pierre ! Parfois, c'est votre belle-fille ou votre gendre qui peut avoir décidé, sans raison objective, de couper les ponts.

POUR AVOIR DES CONSEILS

Vous pouvez également contacter : Allô grands-parents au 01 45 44 33 87.

Quelques conseils donnés sur le site de l'EGPE :

Ne pas rester isolés : *Des rencontres culturelles, des activités dans la société, des ateliers enrichissants et variés sont proposés par l'EGPE à tous les grands-parents pour rester en phase avec la société d'aujourd'hui et éviter tout repli sur soi. Ils permettent – par les échanges, la réflexion, le travail bénévole – d'échapper à « l'enfermement de la souffrance » qui devient destructeur dans les relations.*

Ne pas tarder à se faire aider : *C'est souvent en racontant devant un professionnel « l'événement déclencheur d'une rupture » que les grands-parents prennent conscience de son impact sur leurs enfants.*

Témoignage

Marie, grand-mère de 7 petits-enfants

« *Notre fille a eu son premier enfant très jeune et nous lui avions fait remarquer qu'à notre avis, il fallait être installé dans sa vie avant de prendre ce genre de décision. Après, lorsqu'elle s'est séparée du papa, nous avons fortement désapprouvé… Bref, en pensant que la franchise était indispensable en famille, nous sommes entrés dans une spirale de rancœur de son côté, d'incompréhension du nôtre… Pendant plusieurs années, elle n'est pas venue à la maison. C'est son second compagnon qui a demandé à faire notre connaissance à la naissance de leur enfant. Nous avons tous évolué, mûri… et tout se passe bien aujourd'hui.* »

QUAND LES PARENTS SE SÉPARENT

La rupture du couple de votre enfant est aussi un événement douloureux pour vous. Vous devez faire le deuil de cette famille qui éclate et cela peut parfois vous renvoyer à des souvenirs personnels difficiles.

Les grands-parents sont sollicités

Peut-être aussi avez-vous peur pour l'avenir de vos enfants, ou de ne plus voir vos petits-enfants ?

La plupart du temps, dans les cas de séparation, les grands-parents sont sollicités, que ce soit du côté maternel ou paternel.

Si vos petits-enfants sont en garde alternée ou chez leur père un week-end sur deux et la moitié des vacances (les cas les plus courants), le fait qu'il n'y ait au quotidien plus qu'un parent pour s'en occuper nécessite forcément de mobiliser les grands-parents !

Quelle position tenir ?

Les contextes sont différents, mais s'il y a trois points à retenir, ce seront avant tout ceux-ci :

Rester neutre

C'est toujours une position difficile, mais c'est pourtant essentiel de rester neutre face à vos petits-enfants : ils vont poser des questions, essayer de comprendre le pourquoi du ressentiment que vous éprouvez, même inconsciemment, envers l'un de leurs parents.

Offrir une vraie sécurité

Au milieu de la tempête, ce sont les grands-parents qui donneront à leurs petits-enfants les repères et la sécurité affective dont ils ont besoin.

Être présent(e) auprès des uns et des autres

Il faut s'ajuster au mieux en étant très attentif à percevoir les besoins des petits-enfants, comme des parents. Patience, bienveillance, compréhension, consultation de son enfant pour savoir ce qu'il souhaite... seront nécessaires.

Quand ce sont les grands-parents qui divorcent

Si la rupture conjugale touche le couple des grands-parents, c'est aussi un grand chamboulement pour les enfants et petits-enfants !
Si cela s'est passé avant la naissance des petits-enfants, les liens parents-enfants se sont peut-être relâchés. Si vous avez formé une nouvelle famille, vous avez peut-être des enfants jeunes auxquels vous donnez la priorité. En effet, comme le mentionne l'étude de la CAF Être grands-parents aujourd'hui *(2005), « le remariage éloigne de leur descendance les hommes surtout, mais aussi les femmes ».*

Témoignage

Estelle, grand-mère de 2 petits-enfants

« J'ai été très triste de la séparation de mon fils et de sa compagne. Je le leur ai dit à tous les deux, tout comme je leur ai précisé que je souhaitais rester en relation avec celle que j'ai considérée comme ma fille pendant plusieurs années – d'autant que je n'ai que des garçons. Pour mes petits-enfants, je crois que c'est mieux aussi. Je vais les voir indifféremment chez l'un ou chez l'autre. »

ET LES FAMILLES RECOMPOSÉES ?

Ces réseaux familiaux se caractérisent par… leur complexité : les enfants ont un père, un beau-père, une mère et belle-mère, des frères, sœurs, mais aussi des « demi » et des « quasi ». Ils ont donc également plusieurs grands-parents, « des vrais » ou « des faux » comme le disent les plus petits !

Le modèle familial de demain ?

Tout laisse à penser que la famille recomposée va progressivement devenir une configuration familiale courante pour les générations à venir. Néanmoins, l'expérience montre que le vécu de ceux qui s'y sont engagés est souvent très complexe.

Des défis à relever !

Ceci n'est pas le lot commun

Il existe, bien sûr, de nombreuses situations où la famille se recompose dans une belle harmonie, mais ceci n'est pas le lot commun.

La réussite d'une famille recomposée est un véritable défi auquel très peu de couples sont préparés. Une étude américaine de 2006 (US Census Bureau) montre que le taux de divorce après un premier mariage est d'environ 50 % et que le taux de divorce monte autour de 60 % à 65 % pour les deuxièmes mariages quand au moins un des partenaires a un ou plusieurs enfants.

Les grands-parents sont eux aussi concernés

Les grands-parents sont parfois eux aussi au cœur de familles recomposées ou vivent séparés de leur conjoint. Nombre d'entre eux consacrent une grande part de leur énergie à la réussite de leur deuxième, ou troisième couple !

Les grands-parents sont un repère dans la famille

En particulier dans les familles recomposées, les grands-parents (et plus spécifiquement la grand-mère maternelle, si elle a elle-même divorcé) sont les garants d'un certain équilibre familial, un pilier stable et rassurant pour l'enfant. Les grands-parents sont également les témoins du passé, des origines de l'enfant et donc un repère sécurisant.

Quelques conseils

Ne pas s'en mêler

Si certains parents se séparent sans trop de ressentiment, en continuant à communiquer, ce n'est pas toujours le cas. En tant que grands-parents, et parents, il peut être tentant de prendre parti. Pourtant, faire preuve de neutralité est essentiel, parce que cela peut aider votre enfant à prendre conscience que cet ex qu'il déteste reste le père ou la mère de ses enfants, et que ce lien doit être respecté. Ensuite parce qu'elle permet aux petits-enfants de conserver une bonne image de leurs parents. Ne pas prendre parti, c'est aussi montrer à vos petits-enfants, tiraillés entre leur papa et leur maman, qu'ils ne sont pas obligés de choisir.

QUAND C'EST POSSIBLE, RESTEZ EN CONTACT AVEC VOTRE EX-GENDRE OU BELLE-FILLE

Il ou elle a fait partie de la famille pendant des années, vous vous entendiez particulièrement bien... Ce n'est pas vous qui divorcez mais vos enfants. Si la situation n'est pas trop conflictuelle, restez en contact avec l'ex, parce que vous en avez envie et parce que cela rassurera aussi très probablement vos petits-enfants !

Être à l'écoute

Vous aurez déjà appris à utiliser votre oreille attentive lors du divorce. Vous serez *a priori* à même d'entendre, encore une fois, les problèmes qui se posent à la nouvelle famille, dans une relation d'adulte à adulte. Car c'est vraiment d'écoute, plus que de conseils, dont ont besoin vos enfants.

Encore et toujours, être présent(e) !

C'est surtout pour les petits-enfants, pris dans la tempête du conflit parental, qu'il est nécessaire d'être présent(e). Parfois encore déstabilisés par le divorce, ils seront d'autant plus perturbés par la recomposition...

Être présent(e) et investi(e)

Être présent(e) et investi(e) auprès de ses petits-enfants, c'est leur permettre de nouer au sein de leur nouvelle famille des relations équilibrées, sans craindre de perdre l'amour des uns au profit d'une relation nouvelle avec les autres.

Se montrer bienveillant

Soutenir votre enfant dans la recomposition d'une famille, c'est également accueillir son nouveau compagnon, ou sa nouvelle compagne, et parfois aussi ses enfants. C'est une situation compliquée, mais là encore, c'est important que tout se passe bien. Votre enfant appréciera que vous nouiez des relations avec vos « beaux-petits-enfants » même si ce ne sont pas tout à fait les mêmes que celles que vous entretenez avec vos « vrais » petits-enfants.

Témoignage

Jacques, grand-père de 3 petits-enfants

« Notre fils a trois garçons, qu'il a eus avec trois compagnes successives. En tant que parents, on ne comprend pas toujours... mais pour garder une bonne relation, on n'a jamais rien dit, évidemment ! On est présents pour accueillir les deux grands qui ne veulent pas attendre la fin de la sieste de leur petit-frère pour sortir le week-end. On les emmène en balade, souvent au cinéma. Ils sont proches tous les deux, sans doute un peu grâce à nous. Et j'espère que le lien se créera de la même façon avec le plus petit. »

PLUS DE GRANDS-PARENTS QUE DE PETITS-ENFANTS !

La structure familiale a bien changé depuis l'époque de nos grands-parents dans laquelle il y avait deux ou trois grands-parents vivants pour quatorze petits-enfants. Maintenant, avec les familles recomposées, c'est quatre et même huit grands-parents pour deux ou trois petits-enfants ! Le rôle de chacun se trouve inévitablement modifié. Ainsi, les petits-enfants actuels, de même que le parent lui-même, vont aider à définir la façon d'être un grand-parent aujourd'hui.

DROITS ET DEVOIRS DES GRANDS-PARENTS

Au-delà des sorties au parc, activités diverses et baby-sitting, les grands-parents peuvent jouer un rôle dans le développement d'un enfant. À tel point qu'il est reconnu officiellement par le législateur. Quels droits ont les grands-parents sur leurs petits-enfants lorsque la relation avec les parents est rompue ?

Des médiations via l'EGPE (École des grands-parents européens)

En principe, il n'est pas possible d'empêcher les grands-parents de voir leurs petits-enfants. Les prérogatives des grands-parents sont reconnues depuis la loi n° 70-459 du 4 juin 1970 relative à l'autorité parentale : les grands-parents peuvent disposer d'un droit de visite et/ou d'hébergement sur leurs petits-enfants ainsi qu'un droit de correspondance.

Bien évidemment, il est vivement conseillé, en cas de relations compliquées, de trouver un arrangement à l'amiable entre parents et grands-parents. Le recours en justice intervient seulement si aucune solution n'a été trouvée entre les deux parties. Il faudra alors saisir un juge aux affaires familiales (JAF) du tribunal de grande instance du domicile des petits-enfants, qui fixera lui-même les modalités de garde des petits-enfants par les grands-parents.

Le JAF peut autoriser un droit de visite et/ou d'hébergement modulable dans le temps en fonction notamment de l'âge de l'enfant.
Si à l'origine seul un motif grave et d'actualité concernant la sécurité ou l'hygiène de l'enfant pouvait motiver le refus d'octroyer un tel droit, depuis la loi n° 2002-305 du 4 mars 2002, l'intérêt de l'enfant est examiné.

AVOIR RECOURS À LA MÉDIATION

L'École des grands-parents européens est très active auprès de ces grands-parents. Elle prend en charge la majeure partie des médiations entre toutes les parties, lorsqu'elles sont ordonnées par la justice. Elle précise néanmoins que « le recours à la justice ne doit rester que l'ultime moyen d'action des grands-parents : ce sont des procédures longues, coûteuses, aléatoires et souvent traumatisantes et douloureuses pour l'ensemble de la famille ».

Les droits de visite et d'hébergement

Les droits de visite et d'hébergement des grands-parents sont liés au droit des enfants « de connaître et d'avoir des contacts avec leurs collatéraux et ascendants sauf empêchement majeur ». La loi n° 2007-293 du 5 mars 2007 sur la protection de l'enfance a modifié l'article 371-4 du Code civil qui précise désormais dans son premier alinéa que « l'enfant a le droit d'entretenir des relations personnelles avec ses ascendants. Seul l'intérêt de l'enfant peut faire obstacle à l'exercice de ce droit ».

Puisque l'intérêt de l'enfant est le critère premier de mise en place d'un tel droit, l'enfant aurait la possibilité d'engager une action devant le JAF afin que ce dernier tranche sur l'organisation de ses relations avec ses grands-parents, par le biais d'un administrateur. En pratique, la majorité des décisions rendues dans ce type d'affaires le sont à la demande des grands-parents.

Depuis 2007, c'est donc la seule relation grands-parents/petits-enfants qui est au centre des préoccupations du juge, pour délaisser les conflits grands-parents/parents. Cependant, la nature du conflit qui oppose les grands-parents et les parents peut parfois avoir une influence négative sur l'enfant. Dans ce cas, il n'est pas toujours dans l'intérêt de l'enfant d'entretenir des liens avec ses grands-parents. En pratique, un couple qui voudrait interdire à ses parents d'avoir le moindre contact avec ses enfants devra donc prouver qu'il n'est pas dans l'intérêt des petits de fréquenter leurs grands-parents.

N. B. : les grands-parents n'ont pas d'obligation de voir leurs petits-enfants, c'est juste un droit, à l'instar du droit de visite et d'hébergement du père ou de la mère en cas de divorce et de séparation. L'octroi d'un droit de visite peut se faire sous certaines conditions. Il est ainsi possible de prévoir que la rencontre entre les grands-parents et les petits-enfants ait lieu dans un milieu « protégé ».

L'obligation alimentaire

Si c'est aux parents qu'appartient la charge de nourrir, d'entretenir et d'élever leurs enfants, les grands-parents peuvent être appelés à verser une pension alimentaire à leurs petits-enfants en cas de carence de la part des parents.
Il s'agit alors de la mise en œuvre de l'obligation alimentaire fondée sur la solidarité familiale.
L'obligation des grands-parents vis-à-vis de leurs petits-enfants est moins étendue que celle des parents puisqu'ils devront fournir des aliments mais n'auront pas à assurer les frais d'éducation et d'instruction de leurs petits-enfants.
N. B. : cette obligation est réciproque !
Si leurs grands-parents ne peuvent subvenir à leurs propres besoins, les petits-enfants ont une obligation alimentaire envers eux en qualité de descendants.
L'obligation alimentaire a pour objet de donner au créancier de quoi vivre, c'est-à-dire de la nourriture, un logement, des vêtements, mais aussi des soins médicaux. (Source : http://www.village-justice.com/articles/droits-devoirs-grands-parents-envers,15418.html.)

LE MODE D'EMPLOI POUR BIEN PROFITER DE VOS PETITS-ENFANTS

CE QUE JE PEUX LEUR APPORTER

En fait, un grand-parent, c'est un peu comme le père Noël : vos petits-enfants, vous leur apportez plein de cadeaux : ceux qu'ils ont demandé... et des tonnes de surprises en plus !

Voici une liste non exhaustive de ce que vous pouvez mettre dans votre hotte de grand-parent :

Un amour inconditionnel

La majorité des grands-parents sont fous de leurs petits-enfants. Ils sont toujours les plus beaux, les plus intelligents, les plus gentils, les plus doués.. n'est-ce pas ?

Une écoute et une présence

Les grands-parents ont une place à part. Vous êtes souvent plus disponibles, si ce n'est en temps, du moins en patience, en écoute. Vous donnez ainsi à l'enfant le sentiment d'être unique et important. Ce sont de ces moments privilégiés vécus avec vous dont votre petit-enfant se souviendra plus tard ;

N'EN FAITES PAS TROP NON PLUS !

Vous avez remarqué cette propension de la jeune génération à vouloir devenir « star »... de la chanson, de la télé, du football ? Encouragez les talents de vos petits-enfants, bien sûr, mais aidez-les aussi à garder la tête sur les épaules et expliquez-leur que ce n'est pas parce qu'on est connu ou que l'on a beaucoup d'argent que l'on est plus heureux !

DANS LA BIBLIOTHÈQUE...

Vous avez certainement vu cette publicité où un grand-père anglais, assis devant une grande bibliothèque, offre à son petit-fils un bonbon. Le jeune garçon l'évoque comme un rite initiatique.
C'est peut-être un peu exagéré, mais vous pouvez cependant vous aussi mettre en place des rituels chez vous. Après l'école, c'est goûter chez vous, et confidences à table ou sur le canapé !

Un modèle
L'enfant aime s'identifier à vous. Les récits de votre enfance, l'aura un peu magique qui entoure la nostalgie du passé facilitent l'identification des enfants à cette personnalité idéalisée qu'ils s'approprient (et à laquelle vous correspondez parfaitement, évidemment !) ;

> **RIRE AVEC EUX !**
> Trop souvent, les enfants se plaignent que leurs parents n'ont même pas le temps d'écouter leurs blagues de Toto… Prenez ce temps. Riez ensemble. Inventez des gags et farces. Vous y prendrez goût !

Un regard admiratif sur les petits et sur leurs enfants devenus parents
Vous êtes souvent très admiratifs devant l'enfant et moins exigeants envers lui que ses parents. À travers votre relation, vos petits-enfants développent leur estime de soi. Par ailleurs, les grands-parents répondent présents quand on a besoin d'eux et soutiennent les parents dans leur projet éducatif ;

Un rythme différent
Si vous êtes retraité, vous avez davantage de temps libre. Vous êtes moins stressé, installé dans un rythme de vie plus calme et posé, qu'apprécient vos petits-enfants.

Témoignage
Danielle, grand-mère de 4 petits-enfants
« Je suis vraiment une grand-mère ! C'est-à-dire que, quand j'ai mes petits-enfants avec moi, je ne fais rien d'autre que m'occuper d'eux. Je ne prenais pas autant le temps avec mes enfants… »

De la complicité

Piliers de la famille

Piliers de la famille, vous recueillez confidences, joies et peines, et aidez les enfants à trouver leur place. Que vous résidiez à proximité ou que la distance vous sépare, vous n'êtes pourtant jamais bien loin. Même par webcam ou téléphone interposés, vous savez être à l'écoute ! Curieux, ouverts, compréhensifs, vous partagez des idées et activités avec vos petits-enfants ;

La transmission de passions et savoir-faire

Cuisine ou jardinage, les grands classiques, ou encore lecture et musique... donnez à vos petits-enfants le goût de ce que vous aimez. Ce « passage de témoin » vous permettra de passer d'excellents moments ensemble !

Le plaisir de la vie au jour le jour

Jeux et plaisanteries partagés, repas en commun, nuits passées chez vous pendant les vacances, parfois avec les cousins, le quotidien avec leurs grands-parents est source de plaisirs toujours renouvelés pour les enfants !

Témoignage

Danielle, grand-mère de 4 petits-enfants

« Mon fils et ma fille ont chacun deux enfants, de 20 mois à 5 ans. J'aime bien qu'ils soient ensemble chez nous pour se créer des souvenirs... comme autrefois mes enfants avec leurs cousins chez ma maman. »

Une stabilité

À l'heure où de nombreux enfants vivent des séparations et des recompositions familiales, vous offrez ce dont ils ont le plus besoin : sécurité et stabilité ;

Une certaine sagesse

Vous n'êtes pas nés de la dernière pluie, n'est-ce pas ? Votre expérience, votre recul par rapport à la vie, votre capacité à analyser et à expliquer sont des éléments rassurants pour vos petits-enfants ;

Des histoires familiales

La transmission de l'histoire familiale se fait par la parole, l'image... Les enfants adorent les récits sur le passé, les vieilles photos, qu'on leur parle d'un temps qui n'existe plus. Ils se demandent comment c'était avant eux, se posent des questions existentielles, philosophiques à leur manière.

Témoignage

Nathalie, grand-mère de 2 petits-enfants

« J'aimerais être là quand ils en ont besoin. Je ne les vois pas beaucoup parce qu'ils habitent à l'autre bout de la France. Mais on a une maison de vacances pas loin de chez eux. Et quand on est là-bas... on est là-bas ! Je pense que mes enfants comme mes petits-enfants apprécient cette relation, épisodique certes, mais de qualité ! Pour l'instant, ils sont petits – 1 et 3 ans – mais je n'hésiterai pas à leur faire découvrir de bons petits plats. Faire la cuisine, respirer le parfum des roses du jardin, cela fait partie des plaisirs de la vie que je veux partager avec eux. »

Quelques chiffres

L'étude Regards croisés des grands-parents, parents et petits-enfants de l'École des grands-parents européens, Opinion Way (2013), souligne l'importance de la transmission entre grands-parents et petits-enfants. Plutôt en phase, les grands-parents et petits-enfants interrogés pour l'étude sur les activités qu'ils partagent en priorité estiment que le rôle des plus âgés est de transmettre un savoir-faire aux petits-enfants (95 % pour les 1 329 adultes sondés et 72 % des 400 enfants de 12 à 18 ans). Les enfants, quant à eux, évoquent en premier lieu « offrir des cadeaux » (79 %), mais ils attendent aussi que leurs aînés leur racontent des souvenirs de leur vie, de la vie de famille (77 %).

L'importance de la transmission

RÔLE DES GRANDS-PARENTS DANS LA SOCIÉTÉ

Les grands-parents d'aujourd'hui ont pris une place importante dans la société. Cette place a logiquement évolué en raison de leur volonté et de leur appétit de savoir, de voyager, d'agir mais aussi de leur capacité à comprendre le monde, à rester en éveil, à maîtriser les nouveautés (l'informatique, les réseaux sociaux, etc.), à créer et maintenir des liens sociaux, via le bénévolat, par exemple.

QUELLES ACTIVITÉS PRATIQUER ENSEMBLE ?

Dans la nature, dans le jardin, en ville, dans un appartement ou dans une maison, il y a pléthore d'activités que vous pouvez faire avec vos petits-enfants pour le plus grand plaisir de tous : échanger, transmettre, apprendre, rire, vous créer des souvenirs… Si vous gardez souvent vos petits-enfants et que vous ne souhaitez pas les laisser des heures durant devant la télévision ou leur console de jeux, voici quelques idées d'activités à partager avec eux !

Un espace dédié chez vous

C'est bien de proposer un espace chez vous pour ces activités. Vos petits-enfants sauront où trouver les jeux, jouets et matériel de loisirs créatifs, et pourront ranger eux-mêmes leurs affaires. Et puis tout simplement, avec un endroit à eux, ils se sentiront attendus et accueillis, c'est important !

Si vous vivez dans un tout petit appartement, prévoyez simplement une commode avec trois grands tiroirs : un pour le matériel de découpage/coloriage/modelage, un pour les déguisements et le maquillage, un pour les jeux de société. En complément, c'est bien d'entreposer dans un coffre les jouets et les peluches des plus petits.

Si vous habitez dans une maison, une chambre – ou encore mieux, un grenier ! – sera un lieu d'aventures extraordinaires ! Un coffre à jouets deviendra la malle aux trésors du pirate, un vieux tapis surmonté d'un drap délimitera la « cabane » où vous pourrez installer les affaires de poupées… Si vous êtes perfectionniste (et/ou disposez de beaucoup de place), vous pourrez reconstituer un mini-appartement avec les meubles que vous avez stockés : une commode dont vous aurez coupé les pieds (pour être à hauteur d'enfant), surmontée d'un saladier (incassable) et sur laquelle vous collerez deux disques de papier, tiendra lieu de kitchenette, avec évier et plaques de cuisson ; un vieux matelas posé au sol et une caisse comme table de chevet figureront la chambre ; un vieux fauteuil, une valise en guise de table basse, et voilà le salon ! Tout est possible avec un peu d'imagination !

Si vous avez de l'espace en extérieur, une cabane dans le jardin fera le bonheur de vos petits. Vous trouverez de très jolis modèles prêts à monter dans les grandes surfaces de bricolage, mais si vous avez du temps et que vous êtes habile, ce sera encore mieux de la faire dessiner par vos petits-enfants et de la fabriquer ensemble.

Témoignage

Danielle, grand-mère de 4 petits-enfants

« J'aime bien jouer avec mes petits-enfants, leur apprendre des choses. Une amie enseignante m'a conseillée et j'ai acheté plein de jouets super dans une brocante ! »

Les indispensables à avoir dans vos placards

Tous les petits aiment les loisirs créatifs, et c'est très bien pour les aider à développer imagination et motricité fine ! Pour les occuper dans le calme, mettez à leur disposition des feutres, crayons de couleur, ciseaux à bout rond, pâte à modeler, pâte fimo, papier à dessin type Canson (blanc et couleurs).

Et si vous et vos petits-enfants vous découvrez une passion pour le DIY (« Do It Yourself »), n'hésitez pas à aller faire un tour du côté des enseignes spécialisées. Chez Hema, Søstrene Grene, mais aussi Action, Gifi, Centrakor…, vous trouverez des rayons très fournis, souvent à petits prix.

Les jeux de société

Jouer ensemble témoigne de la disponibilité des grands-parents : ce sont souvent les seuls adultes qui prennent le temps de jouer avec les jeunes enfants ! Les jeux de société sont les indispensables des jours de pluie, mais les parties endiablées sont aussi appréciées à la veillée, pendant les vacances. De nombreux jeux sortent chaque année, mais pas la peine de tout acheter, misez sur les grands classiques qui ont fait leurs preuves et qui continuent d'enchanter les enfants à travers les générations :

– À partir de cinq ans – Le jeu de dames, les petits chevaux, le jeu de l'oie.. (vous y avez certainement vous-même joué enfant) sont souvent proposés en coffret, que vous trouverez facilement dans le commerce (jetez également un œil lors des vide-greniers). Le célèbre Uno est un autre indispensable.

Il y a aussi les traditionnels jeux de cartes : dès quatre ou cinq ans, les enfants peuvent apprendre à jouer à la bataille avec un jeu de cartes classiques. Il y a aussi le Memory, le jeu des sept familles, le Dobble avec plusieurs variantes…

– À partir de huit ans – Vous connaissez sans doute le Monopoly, à réserver aux jours de longues averses (les parties sont longues !), le Cluedo, le Trivial Pursuit (version « famille », avec des questions adultes/enfants), le Risk…

Pour les petits, les jeux de société sont sources de nombreux apprentissages : apprendre à suivre des consignes, à compter, à attendre son tour… et à perdre sans cris ni pleurs !

Les livres à (leur) lire

Là encore, difficile de s'y retrouver tant l'offre est riche et variée. Laissez les parents choisir les livres « pour la maison », et replongez avec vos petits-enfants dans les histoires qui ont enchanté votre propre enfance ! Avec les petits, les contes de Perrault et d'Andersen, avec les plus grands qui savent déjà lire, les livres de la comtesse de Ségur, *Sans famille* d'Hector Malot… Racontez-leur quels étaient vos contes, vos héros préférés, et pourquoi : ils apprendront ainsi eux-mêmes à faire leurs choix et à affiner leurs goûts. Outre le plaisir des retrouvailles avec vos héros d'enfance, vous goûterez à la joie de transmettre ces moments merveilleux passés en leur compagnie !

Les films à voir

Vous soupirez déjà à l'idée de revoir les sempiternels Disney que vous regardiez déjà avec vos enfants ? Jetez un coup d'œil du côté des Japonais : le studio Ghibli notamment propose de magnifiques films d'animation, aussi intéressants pour les adultes que pour les enfants, avec des niveaux de lecture différents. Ce sont souvent des histoires d'apprentissage, avec des rôles importants donnés aux filles… Bref, tout le contraire de la princesse attendant son prince charmant, et tellement plus dans l'air du temps !

Et pourquoi ne pas vous créer une filmothèque à thème, avec des histoires mettant en scène petits-enfants et grands-parents, à différentes époques, dans différents pays ? Cela générera certainement des échanges passionnants (vous trouverez des DVD d'occasion à prix modiques dans les vide-greniers et sur les sites de vente en ligne).

Quelques indispensables :

Arrietty : le petit monde des chapardeurs, film d'animation du studio

Ghibli. Au Japon, un jeune garçon venu se reposer à la campagne dans la maison de sa grand-mère, rencontre Arrietty, une Chapardeuse haute d'une dizaine de centimètres.
Là-haut, film d'animation des studios Pixar. Un veuf octogénaire accompagné d'un jeune scout fait s'envoler sa maison à l'aide de ballons gonflés à l'hélium pour accomplir une promesse faite à sa femme.
Heidi, film d'aventures suisse. Vous connaissez certainement l'histoire de cette jeune orpheline partant vivre dans les montagnes suisses chez son grand-père. Il en existe de nombreuses versions (depuis 1952 !), dont un film sorti en 2015.
Belle et Sébastien, film d'aventures français. Dans les montagnes, pendant la Seconde Guerre mondiale, un jeune garçon part à la recherche de sa mère.
Le Choc des générations, comédie américaine. Une grand-mère accepte de recevoir ses trois petits-enfants pendant la durée du voyage professionnel de leurs parents. Une nouvelle pas si réjouissante pour le grand-père !
Princess Bride, comédie fantastique américaine. Un jeune garçon demande à son grand-père de lui raconter une histoire...
Almanya – Bienvenue en Allemagne, film allemand dont le personnage principal est un enfant de six ans, issu d'un couple turco-allemand, qui s'interroge sur son identité.
Bi, n'aie pas peur ! À Hanoï, au Vietnam, un enfant de six ans grandit entre ses parents, sa tante et leur cuisinière, quand son grand-père réapparaît après des années d'absence.

Quelques notes de musique...

Si vous pratiquez un instrument, jouer ensemble – outre le fait que cela permet à l'enfant de poursuivre et de perfectionner sa pratique – offre des moments de partage très agréables. Il peut s'agir également de s'informer et de partager vos goûts : musique classique contre rap avec vos ados, chacun se trouvera enrichi de la culture de l'autre !

Le bricolage

Les papis bricoleurs (et mamies bricoleuses !) ont toujours fait le bonheur de leurs petits-enfants ! Si vous êtes doué et motivé, vous trouverez sur YouTube toutes sortes de tutos pour réaliser des maisons de poupées, cabanes à oiseaux, hôtels à insectes… Évidemment, c'est mieux si vous laissez les petits s'occuper avec vous de la touche finale ! Cela n'a pas besoin d'être parfait, l'important c'est de le faire ensemble.

Si vos petits-enfants ont la chance d'avoir un « coin à eux », une chambre ou une salle de jeux qui leur est dévolue chez vous, vous pouvez décorer cet espace avec eux, en les laissant par exemple choisir la couleur de la peinture ou du papier peint. Vous pourrez aussi accrocher ensemble cadres et tableaux.

BANNISSEZ LES JEUX VIDÉOS DE CHEZ VOUS !

Au début, ce sont les parents qui seront contents… mais vous verrez qu'avec le temps, vos petits-enfants apprécieront de « jouer à autre chose » chez vous. C'est important de s'ouvrir l'esprit… avec des jeux traditionnels !

Les recettes de cuisine

C'est agréable de créer avec vos petits-enfants des rituels en cuisine : le gâteau du premier jour des vacances ensemble, les recettes « de saison », que vous aurez adaptées au goût de chacun (galette des rois à la confiture, crêpes aux pommes, beignets au caramel… Tout est possible, l'idée étant de créer ses propres recettes familiales). Bien sûr, n'oubliez pas de leur apprendre les recettes de votre région ou pays d'origine, celles qui vous ont été transmises par vos propres parents et grands-parents, et de les noter dans un carnet au prénom de chacun de vos petits-enfants. Prenez aussi des photos d'eux et vous en train de réaliser ces recettes, que vous collerez dans le carnet : ils disposeront ainsi d'un livre de cuisine personnalisé qu'ils auront plaisir à regarder et à utiliser plus tard, quand ils seront à court d'idées devant leur kitchenette d'étudiant, par exemple !

Témoignage

Nathalie, grand-mère de 2 petits-enfants

« C'est bien de rester en éveil pour savoir ce qui peut les intéresser, tout en étant "intelligent", parce qu'aujourd'hui, il faut vraiment savoir les extraire de leurs jeux bruyants et "clignotants" ! »

Les loisirs en ville

N'enviez pas les grands-parents qui vivent à la campagne ! Vous aussi vous avez plein d'activités à proposer. Jeux d'observation dans la rue (on compte le nombre de vélos, les voitures rouges ou grises…), on lève la tête et on imagine la vie des gens derrière leurs fenêtres, on se crée des parcours « sur les traces de tel ou tel personnage historique » dans la ville… Et si on habite une grande ville, on peut les emmener voir des expos ou visiter les collections permanentes des musées. Vous pouvez aussi regarder les propositions d'activités « enfants/adultes » : pourquoi ne pas vous inscrire ensemble à un atelier de poterie ou à un cours de yoga ?

Les jeux dans la nature

1, 2, 3, soleil !, Jacques a dit, chat perché, cache-cache… La plupart des jeux des cours d'école sont connus de toutes les générations et peuvent être facilement « transférés » dans votre jardin ou au parc !

Si vous avez une âme de botaniste, à vous les balades à travers les chemins de campagne pour expliquer les noms des arbres et rapporter des bouquets de fleurs sauvages. À la fin de l'été, la cueillette des mûres et des noisettes, à l'automne les châtaignes… En toute saison, vous pourrez aussi ramasser des feuilles et des plantes pour en faire des herbiers.

Dès trois ou quatre ans, vous pouvez proposer aux petits d'observer les insectes avec une loupe, les oiseaux avec des jumelles : des heures d'apprentissage (et de calme) en perspective !

Autres activités à réaliser dans le jardin ou dans la nature : les chasses au trésor. Créez un parcours à travers le jardin, avec à chaque étape une carte contenant une devinette, et en fin de parcours, le trésor, par exemple un super-goûter disposé dans un panier, à déguster dans l'herbe. Si vos petits-enfants ont une âme d'aventurier, proposez-leur de faire avec eux du camping dans votre jardin par une belle nuit d'été. Après avoir dégusté des guimauves que vous aurez fait griller dans un brasero (ou à défaut dans une poêle dans la cuisine !), vous leur raconterez des histoires au clair de lune et expliquerez les noms des étoiles aux plus grands qui veilleront un peu plus tard… Cela fera sans nul doute partie de leurs meilleurs souvenirs de vacances, et qui sait, ils feront peut-être de même avec leurs petits-enfants, dans une soixantaine d'années ?

LE RÔLE DU GRAND-PÈRE

Il fut une époque, pas si lointaine, où le rôle des hommes n'était pas de s'occuper des enfants ! Libérés de ces préjugés, beaucoup de grands-pères profitent aujourd'hui de la présence de leurs petits-enfants en essayant, peut-être, de rattraper le temps perdu. Cela dit, si les grands-pères semblent passer beaucoup plus de temps qu'autrefois avec leurs petits-enfants, il existe toujours peu d'études sur leur rôle véritable aujourd'hui.

Où est passé grand-père ?

Le magazine *Notre Temps* a posé la question : « Mais où est passé grand-père ? » et souligné que « *face à supermamie, grand-père est bien discret* ». Réveillez-vous, les grands-pères, faites parler de vous ! Vous avez sans doute entre vos mains certaines des clés des évolutions futures dans les relations entre les générations et entre hommes et femmes.

Témoignage

Jean-Luc, grand-père de 4 petits-enfants

« Mon fils a pris un 4/5 pour s'occuper de ses enfants. Et moi aussi, j'ai toujours aimé m'occuper des miens, jouer avec eux. Ma femme dit que je suis plus patient qu'elle. Les grands-pères ont vraiment changé ! »

Des grands-pères peu présents dans la pub

Même dans les médias, les grands-pères sont de manière générale moins présents que les grands-mères. Ils apparaissent dans les publicités de jardinage (éventuellement), et en sportifs dans une comédie musicale aquatique pour une eau minérale.

Ils sont plutôt dépeints comme des hommes d'action qui apprennent les choses de la vie quotidienne à leurs petits-enfants.

Plus les années passeront et plus vous serez au top !

Lorsqu'ils atteignent 70 ans, les grands-pères s'impliquent davantage, comme le montre une étude norvégienne de 2012. Motivé par sa propre expérience, Knud Knudsen, un sociologue de l'université de Stavanger en Norvège, s'est penché sur l'implication des grands-pères auprès de leurs petits-enfants. Il s'est rendu compte que si les grands-mères participaient plus tôt à la vie de leurs petits-enfants, les grands-pères finissaient par les rattraper. Les plus âgés démontreraient même une grande sollicitude. Sa recherche porte sur des données recueillies auprès de 5 500 grands-parents âgés de 60 à 85 ans de 11 pays européens à travers une étude portant sur la santé, le vieillissement et la retraite.

es grands-pères s'impliquent davantage

Des changements sociaux et démographiques influenceraient l'engagement des nouveaux grands-parents auprès de leurs petits-enfants. Depuis trois générations, leur longévité accrue et leur état de santé aidant, ils partageraient plus de temps avec leurs petits-enfants. C'est particulièrement vrai pour les grands-pères plus âgés qui sont en couple.

PAS UNE EXCUSE POUR NE RIEN FAIRE !

Un conseil aux grands-pères : ce n'est pas parce que votre cas n'intéresse pas énormément les chercheurs que vous devez vous abstenir de vous occuper de vos petits-enfants, n'est-ce pas ?

APPRENEZ-LEUR À CONSTRUIRE DES CABANES

Combien de générations d'enfants ont été initiés à la construction de cabanes par leurs grands-pères ? C'est une activité qui recueillera toujours les suffrages ! Qu'il s'agisse du montage d'un tipi en kit dans le salon si vous habitez en ville, ou de la construction très élaborée d'un mini-chalet dans un arbre si vous habitez la campagne, vos petits-enfants vont adorer le faire avec vous !

Témoignage

Paul, grand-père de 8 petits-enfants

« J'aimerais bien apprendre aux garçons à bricoler, mais je n'ai pas identifié de volontaire pour l'instant. On partage déjà les activités sportives, et puis le jardinage : Mathilde et Violette, mes deux petites-filles, se battent pour monter avec moi sur le motoculteur et tondre la pelouse ! »

LE RÔLE DE LA GRAND-MÈRE

Si les grand-mères ne correspondent plus à l'image d'Épinal de la grand-mère gâteau, tricotant au coin du feu ou faisant cuire tartes et confitures pour ses petits-enfants, elles ont d'autres cordes à leur arc !

Elles ne sont en effet pas seulement des baby-sitters gratuites, des pâtissières du dimanche ou des oreilles attentives occasionnelles ! Elles s'occupent de leurs petits-enfants par choix et non par obligation, elles cherchent à les surprendre et à leur faire découvrir de nouvelles expériences.

Alors, où retrouve-t-on les grands-mères ?

Pas loin !

Vous êtes moins intrusives que les grands-mères d'antan, mais si vous voulez jouer un rôle auprès de vos petits-enfants, vous devez cependant être plutôt disponibles. Ce qui ne veut pas dire répondre présentes en permanence : il peut être judicieux de fixer un jour de la semaine réservé à ces instants privilégiés, ou bien un week-end par mois si l'éloignement géographique est plus important, ou encore des congés scolaires bien précis. Ces instants précieux seront attendus par tous !

Ce sont les championnes de l'apaisement des conflits

Même si l'éducation de vos petits-enfants ne correspond pas à vos attentes, et surtout si elle est très différente de ce que vous avez mis en œuvre vous-même, n'en dites rien. Si vous imposez vos règles chez vous, ne critiquez jamais celles des parents devant les enfants. Ces derniers sont tout à fait capables de s'adapter, et c'est ainsi que vous conserverez des relations apaisées avec vos enfants et la confiance de vos petits-enfants.

Ne critiquez jamais les règles des parents

Essayez de ne pas entrer en compétition avec la grand-mère de l'autre branche de la famille ! Vous avez chacune des qualités et (très peu !) de défauts (surtout vous !). Elle fait bien la cuisine mais vous êtes passionnée par la nature : à elle les recettes d'osso-buco, à vous la cueillette des mûres et l'apprentissage des noms de fleurs ! C'est votre complémentarité qui enrichira vos petits-enfants.

MAMIE AUX PETITS CARNETS...

Quand vous êtes avec vos petits-enfants, savourez l'instant et quand c'est possible... pensez à plus tard ! Un dessert adoré par Romane ? Consignez la liste des ingrédients dans un petit carnet de ses recettes préférées : vous le lui donnerez quand elle quittera ses parents pour habiter son premier appartement ! Vous pouvez aussi avoir des carnets dans lesquels vous collerez les tickets d'entrée de vos sorties au cinéma, au parc d'attraction, au musée avec chacun... Vos petits-enfants seront ravis de les consulter quand ils seront grands.

Elles savent de mieux en mieux utiliser les nouvelles technologies
Téléphone portable, ordinateur, iPad, sont autant de moyens de rester en lien avec vos petits-enfants et le reste de votre famille.

Elles ouvrent grand leurs oreilles

Elles ouvrent grand leurs oreilles : les grands-mères garderont sans doute à travers les siècles leur rôle de confidentes et de médiatrices. Même les ados racontent plus facilement leurs petits secrets à leur grand-mère qu'à l'un de leurs parents, et ils écoutent plus volontiers vos conseils. Savoir accueillir ces confidences est donc une priorité. Cela vous permettra, si besoin, d'arrondir les angles, déjouer les conflits, favoriser la communication, prendre du recul.

Quelques chiffres : Qui sont les nouvelles grands-mères ?
Chaque minute, en France, naît une nouvelle grand-mère. Une enquête a été réalisée à l'occasion de la fête des Grands-mères 2007 par DRS (Dialogues et Relations Sociales). Portrait-robot : âgée de 50,6 ans en moyenne, pluriactive, elle peut espérer vivre ses quarante prochaines années avec ce premier petit-enfant, source d'une nouvelle identité, d'un nouvel équilibre. La grand-mère d'aujourd'hui ne ressemble pas à la mère grand d'autrefois : trente années d'espérance de vie gagnées au cours du XXe siècle lui font le cadeau d'une nouvelle vie après 50 ans.

Témoignage

Annie, grand-mère de 3 petits-enfants

« Avec mon mari, en tant que parents, nous étions assez interchangeables : je donnais un biberon, il prenait la relève pour le suivant. En tant que grands-parents, nous sommes restés sur les mêmes bases, finalement. J'adorais jouer aux Lego avec mes enfants, et je continue avec la nouvelle génération ! »

PARTICIPER À LEUR ÉDUCATION... À MA FAÇON !

Jusqu'où peut-on aller en matière d'éducation ?

Ce sont les parents qui éduquent les enfants

Il y a des grands-parents catastrophés par l'éducation donnée par leur belle-fille (« *Ah, celle-là, elle a tout à apprendre !* »). Mais ils ne doivent en aucun cas revendiquer le fait d'éduquer. Ce sont les parents qui éduquent les enfants. Vous, les grands-parents, les accompagnez dans cette tâche, en toute bienveillance (qui est-ce qui rechigne ?).

Votre rôle, c'est d'écouter et expliquer à vos petits-enfants les règles de vie chez vous, c'est tout (pas assez, trouvez-vous ?!).

Parfois, au contraire, vous n'avez pas du tout envie de sombrer à nouveau dans ces contraintes. Vous aimeriez que ce soit la récré (ou les vacances !) en permanence. Or, vous devez tenir votre rôle : chez vous, on ne met pas les pieds sur la table, on ne transforme pas la salle de bains en aquarium, bref, on ne fait pas n'importe quoi. Il y a des règles partout, et elles doivent être respectées.

Témoignage

Marie-Josée, grand-mère de 8 petits-enfants

« Quand on a nos petits-enfants seuls en vacances, on rouspète quand c'est nécessaire. Quand les parents sont là, évidemment, on ne s'en occupe pas... sauf s'ils décident de tout casser dans la maison sans que les parents bronchent ! »

Profiter des moments passés ensemble, échanger, conseiller, et surtout aimer !

Ce qui sépare les nouveaux grands-parents des générations précédentes ? Sans doute un mélange de tradition et d'exception.

« La tradition »

Les grands-parents d'aujourd'hui aiment jouer un rôle d'initiateurs, comme leurs propres grands-parents autrefois. Pour une grand-mère, c'est faire des gâteaux, des confitures, apprendre à ses petits-enfants à retourner une crêpe dans une poêle avec une pièce dans la main (technique qu'elle a elle-même appris à maîtriser aux alentours de 55 ans !), lui raconter l'histoire de sa famille… Le grand-père lui, apprendra à ses petits-enfants, selon ses goûts et compétences (n'est-ce pas ?) à jongler, à siffler, à jardiner, à pêcher...

« L'exception »

Avec ses grands-parents, le petit-enfant fait des choses qui sortent de l'ordinaire, comme aller au zoo, voir une comédie musicale ou visiter une exposition… Le but, c'est aussi que le petit-enfant garde de beaux souvenirs.

Être grand-parent, c'est :

Être créateur de liens intergénérationnels allant des arrière-grands-parents aux petits-enfants et des grands-oncles et grands-tantes aux petits-neveux, afin de pouvoir :

– ouvrir ses petits-enfants à la société, à l'environnement, à l'Europe ;

– avoir un rôle éducatif passant par l'écoute, l'éveil du jugement, l'initiation.

(Source : Enquête École des grands-parents européens)

QUELLES VALEURS VAIS-JE LEUR TRANSMETTRE ?

La transmission des valeurs est un aspect important de la relation grands-parents/petits-enfants : il ne s'agit pas d'éducation proprement dite, mais plutôt d'imprégnation, faite à l'occasion d'activités partagées.

Conduire ses petits-enfants au musée pour les sensibiliser à la beauté d'une peinture ou d'une sculpture (si vous aimez, sinon, ne vous sentez pas obligé(e) !), jardiner avec eux pour leur enseigner la patience (y compris sur votre minuscule balcon !), cuisiner des recettes transmises par une aïeule, lire ensemble des histoires pour leur ouvrir de nouveaux horizons... Il existe énormément de façons de leur apprendre le sens de mots importants pour toute la vie, comme tolérance, générosité, solidarité, curiosité !

Lire ensemble des histoires

Les chiffres : Le classement des valeurs à transmettre

Chez les grands-parents, le respect de l'autre arrive en tête (44 %), devant le sens de la famille (39 %), lequel est placé en tête chez les enfants (57 % des jeunes interrogés). La valeur « autorité » a quant à elle bien progressé (en 5e position pour les adultes, et 4e position du point de vue des enfants).
(Source : Enquête *Regards croisés des grands-parents, parents et petits-enfants*, École des grands-parents européens, Opinion Way (2013).)

Témoignage

Marianne, grand-mère de 5 petits-enfants

« Aujourd'hui, les enfants ont tout... et en veulent encore plus. Récemment, ma petite-fille m'a parlé avec envie d'une de ses amies qui vit dans une grande maison, avec une piscine, et part souvent en voyage au bout du monde. Nous avons discuté de ce qui est le plus important dans la vie pour être heureux. Il faut prendre le temps d'évoquer ces sujets avec eux, parce que leurs parents n'ont pas toujours le temps. »

Être le roc contre lequel ils pourront s'appuyer !

Ce n'est pas une valeur à transmettre, c'est vrai, mais c'est un engagement important à prendre envers vos petits-enfants. Les tout-petits seront rassurés de constater qu'il y a autour d'eux des personnes bienveillantes, fiables, qui les apprécient et prennent soin d'eux, en dehors de leurs parents. Votre présence leur indique leur appartenance à une lignée, leur donne à la fois des racines et une place dans la famille. « D'où je viens ? Qui je suis ? » sont des points de repère essentiels qui permettent aux enfants de se construire une identité.

LES VALEURS DE TRANSMSSION

- **Le respect de l'autre**
- **Le sens de la famille**

MON RÔLE ÉVOLUE AUSSI SELON L'ÂGE DE MES PETITS-ENFANTS

Si les grands-parents évoquent avec attendrissement la révolution familiale que constitue la naissance de leurs petits-enfants, les joies des découvertes mutuelles et de l'éducation partagée, la suite de l'histoire est une inconnue. Peut-être un jour, vos petits-enfants se détourneront-ils de vous ? Un jour, le petit-enfant adoré deviendra un ado, puis un adulte.

Avec les touts-petits

Les grands-parents sont là pour apporter de la tendresse aux tout jeunes enfants.

De 5 à 12 ans

Ensuite, à partir de 5 ans environ, vous pourrez les faire participer à toutes sortes d'activités que vous organiserez. Ces instants de complicité seront de bons moments à partager. À noter également, c'est souvent chez vous que se réunit la famille élargie et donc là que se nouent des liens précieux entre cousins !

Et si vous leur racontiez l'adolescence de leur père ou mère ?

Les albums photos sont d'excellents prétextes pour raconter l'histoire familiale, en les assortissant d'anecdotes sur les parents qui, ados, étaient aussi de « sacrés phénomènes ».

À l'adolescence

Souvent, un fossé se creuse entre les générations à l'heure de l'adolescence. Comment négocier ce virage difficile ? Comment ne pas perdre le contact privilégié que vous aviez avec eux, il y a encore peu de temps ? Où sont passés les charmants petits-enfants, amateurs de contes et de gâteaux ? Ils n'ont plus besoin d'être gardés, leurs parents ne jouent plus toujours

VOUS LES PRÉFÉREZ PETITS OU GRANDS ?

C'est avec les jeunes enfants que 79 % des grands-parents sont le plus à l'aise, contre 11 % avec les bébés. Les adolescents recueillent un petit 6 %. Mais 95 % d'entre vous aimez passer du temps avec vos petits-enfants, quel que soit leur âge. 87 % partagent des valeurs, dans la complicité (86 %). (Source : sondage Ipsos pour *Notre Temps*, 2018.)

le rôle de relais, et vous vieillissez. Il faut alors inventer d'autres manières de garder le contact.

Vos points de vue leur sont précieux

Les ados, parfois influençables, cherchent à forger leur opinion auprès des autres. Vous avez là aussi un rôle à jouer en échangeant avec eux sur ce qui se passe près de chez vous et dans le monde. Vos points de vue leur sont précieux.

En général, les ados attendent de leurs grands-parents qu'ils restent eux-mêmes – chacun ayant son monde, son mode d'expression, pas la peine de leur parler en mode sms !

La familiarité et la tendresse réciproques créées par les souvenirs des années d'enfance vous permettront, si ce n'est de poursuivre, au moins de renouer, plus tard, des relations. Rien n'est jamais perdu !

Témoignage

Soizic, grand-mère de 9 petits-enfants

« J'aime la relation avec les pré-ados. Avec mes petites-filles, nous parlons beaucoup. Je leur donne mon opinion, sans m'imposer, et j'ai le sentiment qu'elles apprécient. C'est sans doute plus difficile avec les plus grands. L'aîné de nos petits-enfants, qui a 17 ans, est adorable et nous envoie des sms... mais il ne passe plus nous voir à l'improviste. Cependant, je n'ai pas d'inquiétude, je sais que ça reviendra ! »

Les grands-parents, plus sympa que les parents ?

Les 12-18 ans continuent d'estimer que leurs grands-parents sont aussi là pour « leur autoriser plus de choses et leur laisser plus de liberté que leurs parents ». « Même si ce n'est pas flagrant du point de vue des grands-parents, cette notion fait toujours partie de l'imaginaire des enfants ».
(Source : Étude EGPE 2013)

INTERNET ET LES RÉSEAUX SOCIAUX

La pandémie du Covid nous a tous obligés à nous adapter, et notamment à trouver mille façons de garder le lien, même en étant contraints par des confinements, des couvre-feux, ou encore par la nécessité de garder ses distances pour éviter d'être contaminés.

Pour garder le lien avec leurs proches, en 2020, les seniors ont massivement rejoint le monde virtuel, notamment à la faveur du confinement : 77 % des plus de cinquante ans ont commencé à utiliser au moins un nouvel outil numérique durant cette période, et 33 % à en utiliser deux ou plus, selon une étude menée par le cabinet Seniosphère Conseil. Le grand gagnant : WhatsApp ! 46 % des seniors interrogés ont utilisé l'application de messagerie pour la première fois pendant cette période. L'outil de webconférence Zoom a connu un taux d'adoption de 22 %, en particulier chez les catégories socioprofessionnelles supérieures. Dans le même temps, les connexions à Skype ont augmenté de 11 %.

Passons en revue ces nouveaux indispensables

1. WhatsApp : pour garder le contact

L'application a été développée pour pouvoir facilement envoyer des photos et pour s'appeler en vidéo. Elle fonctionne comme les SMS, mais les informations sont transférées via le réseau Internet (plutôt que par le réseau mobile).

Une fonctionnalité bien pratique de WhatsApp : les messages audio. En appuyant sur l'icône micro, on peut parler plutôt que de se fatiguer à taper un SMS !

2. Instagram : pour s'inspirer et rêver devant de belles images

C'est une application qui sert avant tout à poster des photos (de multiples filtres sont disponibles pour les retoucher). Voyages, mode, paysages… tout est mis en scène de manière artistique.

Pour faire des recherches sur des thèmes spécifiques, on utilise le symbole dièse, « hashtag » en anglais, Par exemple : #mer, #montagne…

3. Zoom : pour discuter, se confier, en vidéo

Zoom est un logiciel de visioconférence qui permet de discuter à plusieurs en ligne, en vidéo.

En plus d'être bien pratique pour garder le contact, Zoom offre des fonctionnalités amusantes, comme la possibilité de choisir son fond d'écran en arrière-plan.

Pendant le confinement du printemps 2020, Zoom a été victime de quelques Zoom bombing (de parfaits inconnus se sont invités au milieu de conversations auxquelles ils n'étaient pas conviés). Il est désormais possible de mettre en place une salle d'attente et un bouton d'urgence pour suspendre l'échange en cas d'intrusion, mais il reste déconseillé d'y échanger des secrets d'État (plutôt de famille en l'occurrence) !

4. TikTok : pour s'amuser

Ce réseau social chinois est le nouveau préféré des jeunes ados, surtout les filles, qui y diffusent de petites vidéos : danse, sketchs, tutos en tout genre… On y trouve bien évidemment de tout (et donc pas seulement le meilleur !), mais pendant le confinement, il a été adopté par beaucoup de familles qui se sont lancé des challenges de chorégraphies, qui ont permis à tous de bien s'amuser et de garder le moral !

TAUX D'ÉQUIPEMENT EN OUTILS NUMÉRIQUES DES + DE 65 ANS :

- **Internet : 82 %**
- **Ordinateur : 80 %**
- **Smartphone : 58 %**
- **Tablette : 35 %**

LES + DE 65 ANS ET LES RÉSEAUX SOCIAUX :

- **43 %** des + de 65 ans fréquentent les réseaux sociaux
- **35 %** y vont au moins une fois par semaine
- **35 %** se connectent depuis leur smartphone

(Source : Les Senioriales : Les seniors et les réseaux sociaux.)

LES FAUX PAS À ÉVITER

Les grands-parents sont les piliers de la famille, soutien à la fois matériel et affectif, discret et efficace, alternative rassurante aux parents stressés et toujours pressés, soucieux de résultats scolaires… mais attention : vous n'avez pas le droit à l'erreur et devez rester parfaits en toutes circonstances !
Sur quoi peut-on vous prendre en défaut ? Pas grand-chose, bien sûr, mais voici quand même une petite liste de faux pas à éviter avec vos petits-enfants :

Trop les gâter

Vous pensez que votre petit-enfant ne sera heureux que s'il reçoit une avalanche de cadeaux ? Rassurez-vous, l'expérience montre que « bonheur » ne rime pas avec « quantité » et que le cadeau le plus cher n'est pas forcément celui qui fera le plus plaisir. Quand on couvre un enfant de cadeaux, il devient rapidement indifférent. Par ailleurs, la surabondance de cadeaux envoie un mauvais message. L'enfant risque en effet de finir par associer l'amour qui lui est porté au nombre de paquets entassés au pied du sapin !

UN PEU, BEAUCOUP… TROP ?

Les grands-parents français apportent à leurs petits-enfants un soutien financier très important. En moyenne, 558 euros par an et par petit-enfant ; une somme non négligeable, d'autant qu'il faut la multiplier par 3,8, le nombre moyen de petits-enfants par famille ! (Source : sondage Ipsos pour *Notre Temps*, 2018.)

Se faire passer pour leur père/mère, oncle ou tante devant vos amis

Vous avez adoré il y a 20 ans vous faire passer pour la sœur de votre fille, ou le frère de votre fils… Vous êtes bien décidé(e) à récidiver à la génération suivante, en vous faisant appeler « daddy » ou « mummy » pour semer le doute, voire même à raconter à votre voisine au square que vous êtes crevée en ce moment parce que votre petit diable ne fait pas ses nuits ? Attention, vous allez finir chez le psy !

L'affubler d'un diminutif, voire l'appeler par un autre prénom parce que le sien ne vous plaît pas

Votre chère Marie-Charlotte a choisi d'appeler son fils Kévin ! Ce fut un drame quand vous l'avez appris, mais très vite, vous avez trouvé la solution : l'appeler Jean-Eudes devant vos amis, en lui expliquant que c'est votre secret à tous les deux. Attention, là encore, vous risquez d'avoir des soucis un jour ou l'autre !

Les manipuler

Vos petits-enfants ne sont pas vos faire-valoir, leur rôle n'est pas de donner aux autres une belle image de vous-même ou de vous faire plaisir ! Donc, pas la peine de leur faire croire que vous allez pleurer s'ils ne viennent pas vous voir dimanche, ou que le père Noël ne leur apportera pas de cadeaux s'ils ne sont pas gentils avec vous, ni de les menacer en leur disant qu'ils n'auront pas de bonbons s'ils crient devant votre amie venue en visite chez vous !

Ils n'auront pas de bonbons

Être intrusif/(ve), surtout avec des ados

« As-tu une petite amie ? – Tu me le dirais, si tu fumais, n'est-ce pas ? » C'est le genre de questions à éviter avec les ados. Et si vous persistez malgré tout, ne vous étonnez pas s'ils se détournent de vous !

Critiquer l'un de leurs parents

Et de préférence, celui des deux qui n'est pas votre enfant... Franchement, vous êtes assez adulte pour comprendre que cela ne se fait pas, non ?

Leur imposer votre vision de l'éducation

Vous estimez que vos enfants ne sont pas assez stricts (ou au contraire, le sont trop) ? Ne profitez pas de la présence de vos petits-enfants chez vous pendant les vacances pour leur imposer des dizaines de règles tout en les menaçant de sanctions du type « martinet à clous » si elles ne sont pas respectées ! Ou au contraire, ne leur chuchotez pas à l'oreille, pendant que l'un de leurs parents les gronde, qu'il ne faut pas écouter et qu'ils ont le droit de faire ce qu'ils veulent.

Si vous essayez toujours d'imposer votre point de vue... bientôt plus personne ne viendra vous voir !

Être trop exigeant(e)

N'en demandez pas toujours plus à vos petits-enfants. Très tôt, ils ont leur propre vie et vous ne devez pas leur demander de venir vous voir toutes les semaines ou de vous appeler tous les soirs ! Si vous vous montrez heureux/(se) de ce qu'ils vous offrent, ils auront naturellement tendance à vous donner plus encore !

MON PETIT-ENFANT EST DIFFÉRENT

Comment peut-on aider ses petits-enfants face aux difficultés de la vie ?
On aide en étant présent quand les difficultés sont d'ordre scolaire, mais aussi médical.
Nous énumérons ici toutes sortes de cas de figure, évidemment très dissemblables, dans le but de vous sensibiliser, si vous ne vous en souvenez plus, à cette difficulté d'être « différent » dans une cour de récréation remplie d'enfants tous plus « conformistes » les uns que les autres.

Il est gravement malade

Il est né prématuré, est malade depuis la naissance ou son jeune âge, ou la maladie survient au cours de l'adolescence. C'est une épreuve bien évidemment pour lui et pour ses parents, entre souffrance physique et psychique. Dans ce cas, bien entendu, votre rôle est essentiel pour aider les uns et les autres. Donner de votre temps pour les visites à l'hôpital ou les gardes de nuit, c'est important pour eux tous.
La qualité de vie des enfants hospitalisés pour une maladie grave est en partie dépendante du maintien des liens de la famille.

Les grands-parents sont des aidants précieux

Une étude sur la place des grands-parents auprès de l'enfant gravement malade a été menée en France, en 2006-2008, avant d'être réalisée au Québec et en Suisse. Elle montre que s'ils sont mal connus ou peu reconnus, les grands-parents sont des aidants précieux pour chacun.
(Source : « Être grand-parent d'un enfant gravement malade », Angers (12 juin 2008) – <http://www.soleilafelt.org>)

Témoignage

Marie-Josée, grand-mère de 8 petits-enfants

« Mon petit-fils Titouan, atteint d'une maladie génétique, a été hospitalisé pendant plusieurs mois après sa naissance. Nous sommes très admiratifs du courage dont nos enfants ont fait preuve pendant cette période très difficile. J'ai passé huit jours dans une maison des parents avec ma fille, à plus de 500 kilomètres de chez elle. C'était terrible. Encore aujourd'hui, en raison de ce qu'il a vécu, j'ai une relation particulière avec mon petit-fils. Il aura bientôt 10 ans. Je n'aime pas que ses parents le grondent, je ne supporte pas de le voir triste. »

Il est en situation de handicap

Encore une fois, les cas sont très différents : le handicap peut être physique ou mental, et le degré d'atteinte plus ou moins fort. Certains enfants réussissent à mener une vie quasi normale, d'autres sont dans un état végétatif, ou ne parleront, ne marcheront jamais. C'est un drame pour l'enfant, pour ses parents, ses frères et sœurs, mais aussi ses grands-parents.

Composez avec la situation

L'aide que vous pouvez apporter dépend de votre perception de la situation. Vous pouvez faire l'autruche, vous accrocher à l'idée que votre petit-enfant n'a pas vraiment de problème et qu'il finira par se développer normalement. Dans ce cas, vos commentaires et attitudes risquent plutôt de compliquer la vie des parents. En revanche, si vous parvenez à remplacer la pitié par de l'amour, à composer avec la situation sans la nier, ni chercher de coupable, à comprendre la peine des parents sans la juger, vous pourrez alors fournir une aide précieuse à la famille.

Il est allergique

Les allergies, même si c'est malheureusement devenu très courant, ça complique la vie ! Cela nécessite parfois d'apporter sa nourriture et de se distinguer au milieu de la cantine (et c'est pareil avec un PAI – plan d'accueil individualisé, qui permet de donner à l'enfant des plats différents de ceux des copains), ou bien il faut aller aux anniversaires des copains avec la liste de ce qu'il ne faut pas consommer... Et les enfants n'aiment pas qu'on les remarque !

En fonction du type d'allergie, il existe un nombre plus ou moins important d'interdits qu'il faudra systématiquement respecter. Pas question d'une entorse à la règle, aussi fastidieuse soit-elle à respecter !

Il a un physique particulier

Il est tout petit ou très grand pour son âge. Tout maigre, ou enrobé. Il a de grandes oreilles, un grand nez... Il porte des lunettes ou un appareil dentaire ?

Oreilles décollées, genoux en dedans

Peut-être que votre petit-enfant souffre d'être rejeté par les autres. Aidez-le à se sentir bien dans sa peau et valorisez ses qualités. Il arrive aussi que certains enfants soient complexés par des particularités physiques qui n'ont même pas été remarquées par leurs parents : oreilles décollées, genoux en dedans par exemple. Encouragez-les à se confier à vous, et si une opération bénigne est possible pour remédier au problème, évoquez le sujet avec les parents au moment que vous jugerez opportun ! Il faut être également vigilant concernant le harcèlement scolaire, qui peut toucher tous les enfants. Être à l'écoute reste la meilleure solution.

Il a été adopté

À l'arrivée de l'enfant, pour beaucoup de grands-parents, le problème de la différence constitue un obstacle, et établir une relation avec lui est parfois compliqué. Devenir grand-mère ou grand-père d'un petit enfant différent de soi, venant d'un autre continent, peut susciter des questionnements. Comment gérer le regard des autres ? Comment répondre aux interrogations futures de l'enfant ? C'est en passant du temps avec lui que les grands-parents adoptifs apprendront à le connaître, à l'aimer, et surmonteront les obstacles.

Répondre aux interrogations futures

Il lui faudra aussi trouver sa place de petit-enfant. Patience et présence sont donc les mots-clés d'une relation forte entre petits-enfants et grands-parents adoptifs.

Il est métis

Être l'enfant de deux cultures, c'est une richesse, a-t-on coutume de dire. On constate aussi que les enfants, à l'école, sont particulièrement conformistes et hostiles à ceux qui sont « différents ». Des yeux bridés, une couleur de peau plus foncée et très vite, la moquerie survient. Montrez à votre petit-enfant que vous êtes fier de lui, dites-lui qu'il est beau et valorisez systématiquement sa double origine, devant lui… et aussi devant les autres.

Il a un « haut potentiel »

Chouette, un surdoué dans la famille ! Vous allez pouvoir parader devant vos amis quand il passera son bac à 13 ans ! Sauf que ces enfants que l'on appelait auparavant « *précoces* » ne sont pas seulement – et pas toujours d'ailleurs, car un tiers d'entre eux sont en échec scolaire – des bons élèves ! Très intelligents, ils sont aussi hypersensibles et épris de justice. Ils ont parfois des problèmes relationnels et ont du mal à se faire des amis, car leurs centres d'intérêt sont différents de ceux des autres enfants de leur âge. Cependant, si vous prenez le temps d'entrer dans leur univers, de les suivre dans leurs passions, sans jamais les juger (ni les survaloriser, ils n'attendent pas cela de vous !), vous passerez d'excellents moments avec eux !

C'est quoi, un surdoué ?

En résumé (si la question vous intéresse, allez consulter l'excellent blog « Les tribulations d'un petit zèbre »), c'est une personne dont le cerveau fonctionne différemment, « en arborescence » et pas selon un mode séquentiel. Cela concerne 2 à 5 % de la population. Le diagnostic est confirmé par un score de 130 et plus à un test appelé WISC-IV (échelle de Wechsler – ce test est proposé par des psychologues) et parfois un IRM. Le surdoué n'est pas forcément le premier de la classe !

Il rencontre de grandes difficultés scolaires

Être un cancre est rarement facile à vivre. Soutenez votre petit-enfant comme vous le pouvez, en l'aidant à faire ses devoirs s'il le souhaite, en lui donnant des cours particuliers si vous en avez les compétences. Si vous avez l'habitude de passer du temps avec lui, vous découvrirez peut-être que ses difficultés sont liées à une probable dyslexie, ou au fait qu'il entend ou voit mal. Proposez avec tact aux parents de faire poser un diagnostic médical.

Témoignage

Soizic, grand-mère de 9 petits-enfants

« Deux de mes petits-enfants sont dyslexiques. J'ai proposé de les aider pour leurs devoirs parce que j'avais du temps, et que j'ai toujours aimé ça ! Ils avaient des difficultés à travailler seuls, je les ai aidés à mettre en place des méthodes. On a instauré un rituel : je vais chez eux chaque mardi, on goûte ensemble, puis on fait les devoirs. Quand ma fille rentre du travail, tout est terminé, c'est aussi un soulagement pour elle. Et moi, j'aime ces moments qui me rapprochent de mes petits-enfants. »

ADOLESCENCE ET NOUVELLES DÉCOUVERTES

Alors même que les ados entretiennent souvent des rapports hostiles avec le monde des adultes, les grands-parents occupent une place privilégiée : parce qu'ils sont à la fois dans la famille et en dehors du cercle parental, ils peuvent être des confidents attentifs.

Ce rôle s'est souvent installé dès la petite enfance, quand les petits avouaient leurs bêtises à papi et mamie, à la condition qu'ils n'aillent pas rapporter aux parents...
Pour les ados, il est important de savoir qu'ils peuvent leur faire des confidences sans être trahis et leur demander de faire le lien, si besoin est, avec les parents.
Ils trouvent auprès des grands-parents une oreille attentive, une confiance réciproque et, surtout, le sentiment d'être aimés pour eux-mêmes.

La fascination des écrans

Les grands-parents d'aujourd'hui accordent beaucoup plus d'attention aux centres d'intérêt de leurs petits-enfants. Vous savez ce qu'est un jeu vidéo, êtes plus ou moins familiers d'Internet. Vous restez actifs plus longtemps et êtes davantage ouverts sur la société. De plus, la relation que vous entretenez avec vos petits-enfants qui traversent l'adolescence est moins guindée que par le passé. Alors, même si vous êtes parfois surpris de les voir passer tant de temps devant une tablette, une console de jeux ou un smartphone, vous êtes en général plus tolérants que les parents sur ce sujet !

À TABLE, C'EST NON !

Vous n'êtes pas obligé(e)s de subir le téléphone portable ou la tablette sur la table pendant que vous déjeunez chez vous. Expliquez-leur que vous trouvez leur joujou génial, mais que vous préférez des échanges conviviaux pendant les repas !

Ils ont des choses à vous apprendre !

L'adolescence implique pour les grands-parents un changement de place face à l'enfant qui grandit : vous passez de grands-parents gâteaux à de vrais interlocuteurs, parfois sur des sujets un peu délicats (études, professeurs, copains). Jouez la carte de l'humour et ne les jugez jamais, au risque de les faire se sentir dévalorisés, ce qui peut être destructeur pour des ados fragiles.

Rester à l'écoute des adolescents

Même si certaines discussions peuvent sembler vaines (« humpf... mmmm, ça sert à rien ! », ça vous rappelle quelqu'un ?), il est important de ne jamais cesser de dialoguer avec eux. En règle générale, les ados n'ont rien à prouver à leurs grands-parents et le dialogue est facilité. Il est bon de ne pas les braquer en les prenant de front, mais de leur parler comme à des adultes. Cherchez aussi à comprendre leur univers : demandez-leur de vous expliquer leurs goûts musicaux, leur langage (argot, SMS...).

Cherchez à comprendre leur univers

Si un ado se confie facilement à vous, n'oubliez pas de poser les limites : s'il vous parle de ses premiers émois ou de ses chagrins, le moment est magique... En revanche, s'il vous avoue avoir consommé de la drogue ou boire plus que de raison, il faut impérativement en informer les parents, en y mettant les formes, bien entendu et sans « trahir » qui que ce soit !

Si on peut agiter sa baguette magique...

Votre fils/fille est au chômage et vous constatez que vos petits-enfants sont obligés de limiter leurs dépenses... Vous pourrez peut-être dans ce cas-là (en accord avec les parents) apporter un soutien financier exceptionnel pour l'achat du jeu vidéo ou de la paire de baskets indispensable !

Des activités à partager entre grands-parents et ados

N'imaginez pas que seuls comptent les copains !

L'idéal est de trouver des passions communes ou mieux de les faire naître. Les jeux, les sports et les diverses expressions artistiques ont un rôle fédérateur. Décidez ensemble de vous mettre à un nouveau sport,

lancez-vous des défis, trouvez des centres d'intérêt communs (musique, livres, etc.) Les moments passés ensemble (pour aller voir un film, une expo) constituent des parenthèses privilégiées.
Les ados ont ainsi le sentiment d'être considérés comme des personnes à part entière, et de partager des moments qui n'appartiennent qu'à eux et à leurs grands-parents.

Conseils pour conserver le lien avec un ado

1. Parlez-lui de votre adolescence, racontez-lui des anecdotes rigolotes concernant sa mère/son père, ses oncles et tantes. Vous réussirez certainement à faire sourire le plus renfrogné de vos petits-enfants !

2. Demandez-lui un coup de main pour faire des petits travaux de peinture, d'entretien du jardin. Vous lui montrerez que vous avez confiance dans son savoir-faire !

3. Parlez-lui comme à un adulte ;

4. Cherchez à comprendre son univers. Demandez-lui ses goûts en matière de cinéma ou de musique, par exemple ;

5. Ne soyez dans une position de demandeur ou d'attente. Privilégiez une relation de qualité plutôt que de quantité.

Témoignage
Valérie, grand-mère de 4 petits-enfants

« J'aime bien les ados. Ce n'est quand même pas facile pour eux, cette période où l'on n'est plus petit, et pas tout à fait grand non plus ! Ma petite-fille de 16 ans s'est un peu renfermée sur elle-même et ne se confie plus trop à moi. En revanche, nous avons des discussions très intéressantes et très profondes sur le sens de la vie avec mon petit-fils de 13 ans. »

LE CARNET DE RÉVISIONS DES GRANDS-PARENTS

Vous pensiez avoir une expérience avec les enfants et vous vous surprenez, avec vos petits-enfants, à devoir tout réapprendre. Du maniement de la poussette à la recette de la compote de fruits (plus de sucre ajouté !), tout a changé en trente ans !
Voici le b.a.-ba de ce que vous devrez connaître pour prendre soin de votre premier petit-enfant ! Pour les suivants, vous verrez, tout se passera comme sur des roulettes !

Les soins

Changer une couche

Allez, c'est simple !

• On pose le bébé bien à plat devant soi, idéalement sur une table à langer, c'est-à-dire suffisamment haut pour ne pas avoir à se courber (attention à la sciatique ensuite, qui vous dégoûtera à jamais d'avoir voulu rendre service !).

• Pour changer la couche, il vaut mieux faire rouler le bébé d'un côté en maintenant bien le bassin dans l'enroulement et en laissant l'autre côté libre, puis inverser de l'autre côté. L'enfant est ainsi plus respecté que si on le soulève par les pieds ou par le dessous des bras.

• Glissez une couche propre sous ses fesses, puis rabattez l'avant de la couche et refermez-la sur le ventre à l'aide des scratchs. C'est simple, non ?

MAIS QUI A EU L'IDÉE D'ACHETER DES COUCHES LAVABLES ?!

Rassurez-vous, elles n'ont rien à voir avec les couches que vous avez connues autrefois. Celles d'aujourd'hui sont jolies, en éponge peu épaisse, élastiquées aux cuisses pour éviter les fuites et surtout, on pose à l'intérieur de la couche un voile de papier que l'on jette ensuite avec les excréments... La couche sale prendra quant à elle la direction d'un sac hermétique (enfin, vous l'y mettrez, parce qu'elle ne sait pas encore faire le chemin toute seule !) où elle attendra sans dégager d'odeur nauséabonde de passer au lave-linge !

Évidemment, auparavant, vous aurez pris soin de lui nettoyer les fesses avec un coton imbibé de lotion (et pas une lingette SVP, ce n'est pas écolo !). La couche se change plusieurs fois par jour... bien entendu !

L'équipement de la maison

Pour un tout-petit, l'équipement est pléthorique… mais il n'est pas forcément nécessaire que vous achetiez tout pour chez vous.

Un vrai lavabo à l'ancienne

Souvent, baigner un tout-petit dans un lavabo (bon, pas une mini-vasque bol, un vrai lavabo à l'ancienne !) convient parfaitement, et un lit parapluie suffira pour quelques nuits (attention, celui-là, faites-le installer par les parents, parce que franchement, pour le « pliage-dépliage rapide », ce n'est pas encore au point !). Si vous le gardez tous les jours chez vous, il est important d'ajouter un vrai matelas.

Si vous n'avez pas de thermomètre pour régler l'eau du bain, une astuce « de grand-mère » : plongez votre coude dans l'eau, qui doit vous sembler tiède.

L'alimentation

Non, pas de boisson gazeuse à un an, pas d'alcool à sept « pour essayer », pas de bonbons le soir ni de chips à tous les repas. Pour la nourriture, vous devrez d'abord écouter les consignes de vos enfants. Souvent, vous serez amené à leur cuisiner des purées bio maison avec un robot « spécial bébé » : pas d'inquiétude, il fonctionne de la même façon que celui des grands, vous devriez vous en tirer facilement (en manipulant 2 ou 3 boutons quand même !). Dès que les petits seront entrés à l'école, ils auront appris à compter les « 5 fruits et légumes » chaque jour et sauront vous dire ce dont ils ont besoin (ce qui ne veut pas dire qu'ils mangeront avec enthousiasme les légumes verts !).

Témoignages

Nathalie, grand-mère de 2 petits-enfants

« Le biberon qu'on donne "à température ambiante" aux bébés, j'ai trouvé ça étrange, mais bien sûr, je n'ai rien dit ! »

La sécurité : liste des dernières recommandations en la matière !

Le sommeil

On couche un tout-petit sur le dos et on n'y déroge sous aucun prétexte ! On sait depuis une vingtaine d'années que le fait de coucher les enfants sur le dos réduit de manière spectaculaire le risque de mort subite ;

Les trajets en voiture

- **Il existe plusieurs sortes de sièges : le « lit-nacelle » (pour les tout-petits jusqu'à 6 mois environ)** se fixe transversalement sur la banquette arrière (la tête du bébé vers le centre de la banquette et non côté portière) avec les ceintures trois points ou à l'aide de sangles spéciales reliées aux points d'ancrage des ceintures. Veillez à ce que ces sangles soient bien tendues. Le bandeau de maintien doit impérativement être bien positionné, ajusté à la taille du bébé, ne pas être vrillé, et bien fermé ;

- **Le siège « dos à la route ».** Ne montez jamais face à la route un siège prévu pour être installé dos à la route. Faites attention à ne pas trop incliner le siège, en cas de choc la tête de l'enfant doit être retenue par la coque.
  Attention ! Si vous utilisez un siège convertible (utilisable face à la route), veillez à bien adapter le passage de la sangle à sa configuration, les points de retenue diffèrent de la position « dos à la route » ;

- **Le siège « baquet ».** Utilisez les systèmes de guidage pour passer la ceinture. Vérifiez que les sangles du harnais sont bien positionnées (sur l'épaule et non sur le cou), ajustées à la taille de l'enfant et pas vrillées. Attention, si vous pouvez passer trois doigts entre l'épaule et le harnais, il y a risque d'éjection. La boucle de sécurité doit être verrouillée juste au-dessus des cuisses pour maintenir les hanches et non le ventre ;

- **Le rehausseur et la ceinture de sécurité (à partir de 5 ans environ, jusqu'à 10 ans).**
  Vérifiez que la ceinture n'est pas vrillée, qu'elle est bien positionnée sur l'épaule (pas sur le cou) et juste au-dessus des cuisses, et qu'elle est bien tendue.

POUR PLUS D'INFOS

Consultez le site de l'association Prévention routière : www.preventionroutiere.asso.fr

À la maison

Pour ceux qui commencent à marcher, il faut être vigilant(e) en ce qui concerne les prises, les escaliers, les tables dont les angles peuvent s'avérer dangereux.

Évitez aussi les bibelots en tout genre à hauteur des petites mains et surveillez vos plantes vertes (et surtout la terre que contiennent les pots) ! Dès 3-4 ans, ces problèmes ne se posent plus, les enfants sont habitués à se mouvoir dans l'espace.
Bien entendu, si vous avez des animaux domestiques et surtout des chiens, ne les laissez jamais avec les petits sans surveillance.

LES VACANCES AVEC MES PETITS-ENFANTS

L'école est finie, les cartables sont rangés, les livrets signés, on dit au revoir à la maîtresse et aux copains, avant de se quitter pour les vacances ! Beaucoup d'enfants partent alors chez leurs grands-parents pour des périodes d'une semaine à un mois pendant les vacances d'été.

Une tradition qui fait plaisir à tous

Rien de plus précieux que ces liens qui ancrent les enfants dans leur histoire familiale, une culture, des coutumes ! N'hésitez donc pas à emmener vos petits-enfants en vacances. C'est l'occasion de disposer de temps « non chronométré » pour vraiment profiter d'eux.

Étude

Pour 87 % des grands-parents, leur bonheur passe par l'accueil de leurs petits-enfants pendant les vacances. (Étude quantitative Le bonheur et les Français – réalisée en mars 2014 pour le groupe O2 par Market Audit auprès d'un échantillon national en ligne représentatif de la population française âgée de 18 ans et plus).

Témoignage
Soizic, grand-mère de 9 petits-enfants

« J'ai des copines qui disent "deux jours, ça suffit". Moi, j'aime bien prendre mes petits-enfants en vacances, on apprend à les connaître, on les voit évoluer... »

DES GRANDS-PARENTS QUI RÉPONDENT PRÉSENTS POUR LES VACANCES !

En France, ils accueillent leurs petits-enfants en moyenne durant 22 jours, et 20 % d'entre eux les prennent même en charge plus de 30 jours! 61 %, notamment ceux qui ont des petits-enfants mineurs, aimeraient s'en occuper plus souvent. 37 % seraient même prêts à déménager pour se rapprocher d'eux. Seuls 4 % des seniors ne souhaitent pas les accueillir davantage. (Source : sondage Ipsos pour *Notre Temps*, 2018.)

Attention cependant à ce que cela ne se transforme pas en corvée récurrente !

On dit que les grands-parents sont heureux deux fois lorsqu'ils reçoivent leurs petits-enfants durant les vacances scolaires : à leur arrivée et à leur départ ! L'agitation, le bruit, la nécessité de surveiller constamment les petits afin qu'ils ne fassent pas de bêtises sont vos principales contraintes lorsque vous recevez vos petits-enfants. C'est pour vous un vrai changement de rythme de vie !

Étude

Selon un sondage OpinionWay pour Belambra, 25 % des Français qui ont un enfant estiment, beaux joueurs, que c'est une corvée pour les grands-parents de s'occuper de leur descendance durant les vacances !

Les vacances se préparent à la maison avec les parents !

Pour que le séjour chez vous ne se transforme pas en cauchemar éveillé, c'est aux parents de préparer leur tout-petit à ces vacances. Ils doivent lui en parler comme d'une merveilleuse idée, lui raconter ce qu'il va faire, lui dire que ça va être la fête !

Premier séjour avec vous ? Quelques trucs et astuces (valables à partir de trois ou quatre ans).

Présentez-lui le programme !

Si au moment de quitter ses parents, il pleure beaucoup, commencez à lui parler de ce que vous avez prévu de faire avec lui pendant son séjour. « Nous irons demain à la ferme enchantée, samedi à la plage et dimanche, tes cousins nous rejoindront... » Il devrait vite sécher ses larmes !

Videz la valise ensemble

Demandez-lui quels sont ses vêtements préférés, faites-le raconter l'histoire de son doudou, aidez-le à ranger livres et jouets près de son lit... pour qu'il puisse recréer son petit univers sur son lieu de vacances.

Demandez aux parents d'appeler le matin

Le soir est le moment le moins opportun car cela rappelle à l'enfant la distance qui le sépare de ses parents, juste avant se coucher, sans pouvoir leur faire bisous et câlins... L'endormissement risque d'être plus compliqué !

Des règles différentes

Les règles de vie chez les grands-parents ne peuvent pas être tout à fait les mêmes que celles des parents. Vous n'avez pas la même relation avec vos petits-enfants, vous ne les élevez pas au quotidien. Et puis, une semaine de vacances ne va pas changer radicalement les limites et la façon d'éduquer un enfant, n'hésitez pas à rassurer vos enfants sur ce point !

CHECK-LIST À FAIRE RÉDIGER PAR LES PARENTS

- ☐ Sommeil (horaires et petits rituels) ;
- ☐ Nourriture (goûts et habitudes) ;
- ☐ Santé (posologie des vitamines ou des médicaments qu'il doit prendre, éventuelles allergies).

À noter : Pour que les longs séjours se passent au mieux, ils devront vous confier le carnet de santé de l'enfant, ainsi qu'une autorisation d'intervention médicale au cas où... sans oublier la veilleuse si besoin, et toujours le si précieux doudou !

Et une fois sur place, les parents doivent encore être (un peu) présents

Si vous voulez passer des nuits sereines, demandez aux parents d'appeler les petits chaque jour pour un petit bisou rituel.

Vous pouvez faire un calendrier avec eux, où ils pourront cocher chaque soir une case et vérifier le nombre de dodos qui leur restent.

Témoignage

Dominique, grand-mère de six petits-enfants

« Mes enfants trouvent qu'emmener six enfants en vacances, c'est trop pour moi ! Pourtant j'adore les avoir tous ensemble, et eux aussi apprécient de passer du temps entre cousins. L'année dernière, j'ai fait du camping avec eux, en caravane : une semaine avec les plus grands, une semaine avec les plus petits. Ce que j'en retiens ? C'est effectivement très bien de leur proposer des activités par âge, car les centres d'intérêt sont différents. Et surtout, quand c'est possible, les avoir en nombre pair : à trois ou cinq, il y a toujours des disputes, alors qu'ils s'entendent toujours parfaitement deux par deux ! »

VACANCES : 1/3 DES ENFANTS SÉJOURNENT AVEC LEURS GRANDS-PARENTS

Selon une étude réalisée en 2019 par Ipsos pour Europ Assistance, 30 % des enfants français partent en vacances avec leurs grands-parents. C'est presque deux fois plus que la moyenne européenne. C'est le chiffre le plus élevé d'Europe, devant le Portugal (20 %). La moyenne des pays européens s'élève quant à elle à 17 %. L'âge le plus propice est entre neuf et douze ans.

Organiser les vacances

Si vous en avez le temps, n'hésitez pas à vous informer sur les trajets, cela constituera une aide précieuse pour vos enfants ! Si vos petits-enfants vous rejoignent par avion, le service Kids Solo d'Air France accompagne les mineurs de quatre à dix-sept ans voyageant seuls. Pour le train, la SNCF propose un service d'accompagnement Junior & Cie pour les enfants de quatre à quatorze ans. Durant toute la durée du voyage, ils sont accompagnés d'une équipe d'animateurs professionnels et participent à des jeux et à des ateliers créatifs. Pensez également à consulter la liste des activités disponibles sur votre lieu de vacances. Si votre petite-fille adore l'équitation et votre petit-fils la voile, n'hésitez pas à les inscrire à des stages si vos moyens vous le permettent, cela les enchantera… et vous permettra de souffler !

Vous pouvez bien entendu demander à vos enfants d'inscrire eux-mêmes les petits à des activités – liste à l'appui. Vous avez le droit d'être en vacances vous aussi !

Le temps des retrouvailles avec les cousins

Souvent, vos petits-enfants se retrouvent chez vous entre cousins. Ils ne se voient pas toujours pendant l'année scolaire et ils sont heureux de ces retrouvailles. Ils rient ensemble des même blagues, ils se tapent du coude quand vous affichez des manies rigolotes, vous réclament le même plat favori, la même balade en vélo, la même partie de cartes ou de pétanque.

Leurs grands-parents se réjouissent également de cette effervescence, bien sûr un peu fatigante, mais qui font d'eux les témoins de « leur tribu » réunie.

ON LES APPELLE LES « CHICOUF »

Chic ils arrivent, ouf ils repartent !
Les petits-enfants peuvent être une fontaine de jouvence pour leurs grands-parents… à condition de ne pas séjourner chez vous trop longtemps !

Témoignage

Soizic et Jean-Yves, grands-parents de 9 petits-enfants

« Nous prenons tous les ans nos petits-enfants en vacances, l'été dans notre maison de vacances au bord de la mer, et l'hiver à la montagne, à tour de rôle. Nous n'emmenons pas les tout-petits, c'est trop de travail et on n'a plus l'âge ! Et c'est vrai que c'est plus facile quand on a ensemble des cousins du même âge... »

La maison des grands-parents, tout un symbole !

La maison des grands-parents est souvent l'endroit où se regroupe la famille. Retrouvailles entre cousins pour les vacances, célébration des fêtes de famille, déjeuner dominical ou week-end prolongé, pour toutes ces occasions les grands-parents constituent l'élément stable où peuvent se retrouver et se construire les liens familiaux des différentes générations et des différentes lignées. Cousins, neveux, oncles, beaux-frères, grands-oncles, les liens sont maintenus et renouvelés grâce à ce maillon stable auquel chacun peut se raccrocher.

« Qu'est-ce qu'on mange ? »

Achats de produits « plaisir », alimentation bio, sorties au restaurant : 1/3 des grands-parents affirment céder à des exceptions plus facilement quand ils reçoivent leurs petits-enfants que lorsqu'ils sont seuls ; 83 % sont d'ailleurs prêts à dépenser plus que d'habitude à cette occasion. Plus de la moitié d'entre eux sont prêts à acheter plus de produits jugés trop chers, notamment pour permettre une alimentation de qualité. 64 % des sondés affirment d'ailleurs cuisiner plus que d'habitude, et 37 % acheter local, ou bio (36 %), quand leurs petits-enfants sont auprès d'eux.

Si les grands-parents veulent à tout prix prendre soin des petits-enfants, ils ont aussi à cœur de leur faire plaisir. 41 % d'entre eux reconnaissent acheter des produits réputés pas très bons pour la santé mais dont ils savent qu'ils feront des heureux. 77 % des grands-parents choisissent d'ailleurs des produits qu'ils n'ont pas l'habitude de mettre dans leur panier. (Source : observatoire E. Leclerc, 2018.)

10 IDÉES D'ACTIVITÉS À PARTAGER PENDANT LES VACANCES

Avoir ses petits-enfants avec soi à plein temps pendant les vacances, ce n'est pas comme les garder chez eux après l'école ou un week-end de temps à autre ; il va vraiment falloir les occuper ! Mais pas de panique, tout va bien se passer ! Pendant une semaine ou un mois, vous allez pouvoir vraiment découvrir vos petits-enfants et faire avec eux toutes ces choses qu'ils ne font pas avec leur parents (ni à la crèche ou à l'école) : des parties de jeux de société, des séances de cinéma, des tours de manège, les courses au marché et plein de gâteaux au chocolat. Voici notre top dix.

1. Leur donner à chacun un rôle pour les vacances

Le chef de l'arrosage des plantes d'intérieur, la vérificatrice des lits bien faits le matin, le responsable de la cueillette du basilic, la directrice de la liste de courses du marché. Il n'est jamais trop tôt pour prendre des responsabilités, et ils vont adorer.

2. Organiser chaque jour « un truc spécial »

Pas la peine de se creuser la tête trop longtemps, avec les petits, tout est magique ! Un tour de manège le lundi, aller caresser les chevaux du centre équestre le mardi, prendre la navette maritime le mercredi et aller à la piscine le jeudi… Le soir, au dîner, on en reparle en leur demandant leur moment préféré de la journée.

3. Inventer des concours

La plus belle œuvre en pâte à sel, le plus beau château de sable, la plus grande tour en Lego, la meilleure tarte aux fruits… Avec pourquoi pas, des petits lots à gagner.

4. Proposer des séances de cinéma dans le jardin

Un drap blanc suspendu entre les arbres, un vidéoprojecteur relié à votre ordinateur portable, un saladier de popcorn et vous verrez plein d'étoiles dans les yeux de vos petits-enfants !

5. Mettre des fèves dans les gâteaux et des bougies dessus

Surtout si on est l'été et qu'on n'a pas d'anniversaire à fêter. On n'oublie pas la couronne, et on souffle tous ensemble.

6. Inventer des histoires, les dessiner, et les imprimer

Donnez-leur éventuellement les premiers mots : « C'est l'histoire d'un éléphant rose à pois verts qui rêvait de… » et notez tout ce qu'ils vous disent. Ensuite, saisissez le texte sur votre ordinateur, imprimez sur des feuilles A4 (sur la moitié de la page ; l'autre demi-page étant réservée aux dessins, aux illustrations de vos mini-artistes), agrafez au milieu et repliez. Voici les tout premiers livres de futurs grands auteurs !

7. Organiser un « menu restaurant » à la maison chaque semaine

Chacun à son tour, les enfants choisissent leur plat préféré. Ce jour-là, on met une belle nappe, la belle vaisselle, des chandelles, et on savoure son plat comme si on était dans un restaurant étoilé !

8. Rédiger un journal de bord

Bon, ça, c'est avant tout un travail de grand-parent, mais à la fin des vacances, et plus tard, tout le monde sera content de le relire. L'idée : chaque jour, notez les événements importants et les petites phrases si marrantes des enfants. Pour gagner du temps, saisissez vos textes directement sur un ordinateur et illustrez-les avec les photos prises dans la journée. À la fin des vacances, faites-les imprimer via un site Internet spécialiste des albums photos, ce sera un chouette souvenir pour chacun !

9. Organiser une fête où tout le monde sera déguisé

Au début des vacances, on fixe un thème, on imagine les déguisements, si besoin on les fabrique, et on fixe une date à la fin des vacances pour cette grande fête à laquelle on invitera tous les nouveaux copains rencontrés au parc ou à la plage.

Témoignage

Dominique, grand-mère de 6 petits-enfants

« On peut aussi proposer des activités sportives que les enfants n'ont pas l'habitude de faire tout au long de l'année : l'été dernier, j'ai emmené mes « grands » à l'accrobranche (je crois que j'étais la seule grand-mère dans les arbres !). Ça nous a beaucoup plu à tous, on a beaucoup ri ! »

10. Mettre en place le « grand projet » des vacances

Construire une cabane, créer un potager, écrire et jouer ensemble une pièce de théâtre pour « le jour où les parents nous rejoindront ». Bien sûr, tout ça prend du temps, mais vous avez toutes les vacances ensemble devant vous !

À prévoir dans la valise

Demandez aux parents de mettre dans la valise de leurs enfants quelques jeux de société intergénérationnels : Le Cochon qui rit, M. Patate, le Uno, le 1 000 bornes, Pique Plume, des jeux de Mémory, le loto...

Les cahiers de jeux ou d'activités permettent une pause calme dans la journée.

Et pour l'histoire du soir, leurs livres fétiches.

Témoignage

Marie-Josée, grand-mère de 8 petits-enfants

« À la retraite, on a plus de temps. Les jeux de société, ça peut durer des heures ! Je me souviens d'une partie de petits-chevaux avec mon fils et mon petit-fils Martin pendant un après-midi entier. »

LES 10 ANGOISSES DES GRANDS-PARENTS

Angoissé(e), vous ? Oui, parfois, et pour différentes raisons : parce que quand ils sont tout petits, vous aimeriez être présent(e) dans la vie de vos petits-enfants, mais n'en avez pas toujours le temps... Parce que quand ils grandissent, vous voulez passer du temps avec eux, mais leurs parents ne vous le permettent pas, parce qu'ils n'ont peut-être pas confiance en vous, ou pensent que vous ne les gâtez pas assez ou trop... Parce que vous avez besoin de vous sentir utile et apprécié(e) dans votre rôle... et ce n'est pas toujours facile ! Alors, faisons le tour des 10 principaux sujets de stress des grands-parents et tentons d'y trouver des solutions !

J'AI UN CHOUCHOU

Oscar, depuis que l'avez tenu dans vos bras la première fois, vous l'adorez. Quoi qu'il fasse, il vous attendrit, vous fait rire... Normal, c'est le plus beau et le plus gentil ! Celui que vous voyez le plus souvent, aussi, peut-être ? Vous ne supportez pas que ses parents, ses frères et sœurs ou cousins lui fassent une remarque. Bon, parfois, vous vous en voulez d'aimer celui-là plus que les autres, parce que ça se voit, et qu'on vous l'a déjà reproché. Vous êtes un humain avec vos faiblesses et vos préférences, c'est bien normal... Que faire ?

D'où vient cette préférence ?

Allez, avouez : cet enfant, vous le préférez parce qu'il vous renvoie une image valorisante ! Il a hérité de vos yeux, de votre caractère, il est particulièrement poli ou attentionné envers vous (même vos amis n'en reviennent pas !).
Il vous rappelle parfois une personne qui a beaucoup compté pour vous... Ou peut-être vous replonge-t-il à l'époque où vos propres enfants avaient le même âge ?

La proximité géographique

La proximité géographique joue également : partager le quotidien de ses petits-enfants peut contribuer à vous en rapprocher. Il arrive aussi que des grands-parents manifestent plus d'affection à l'égard d'un petit-enfant qui souffre d'une situation familiale douloureuse, comme un divorce. Parce que vous êtes plus sollicité(e) pour venir en aide aux parents, vous couvez alors un peu plus les petits-enfants concernés, pour tenter de compenser.

Pourquoi c'est un problème ?

La préférence, quand elle n'est pas visible, ne pose pas de problème. À partir du moment où elle est affichée et que la situation est telle qu'elle engendre de la souffrance chez les autres enfants, ou encore des conflits entre les adultes, il ne s'agit plus de nier ! Parlez-en, rassurez les autres enfants et soyez vigilant(e) par rapport au « chouchou ». Même le préféré n'a pas une position enviable. Être la cible de la jalousie des autres n'est franchement pas confortable !

QUAND ON SE FOCALISE SUR LE PETIT DERNIER

Parfois, le problème se pose ponctuellement, par exemple à la naissance d'un petit frère ou d'une petite sœur : l'aîné est jaloux de l'attention portée au nouveau-né et vous en veut, persuadé que le bébé est devenu « le chouchou ». S'il ne veut plus venir chez vous ou ne vous adresse plus la parole... rassurez-le en passant du temps seul avec lui ! Il en sera très heureux !

Petits pas vers le changement

Apprenez à découvrir les richesses de vos autres petits-enfants en passant plus de temps avec eux... Soyez vigilant(e) notamment concernant les vacances et les cadeaux : veillez à toujours être équitable. Ainsi tout sera mis en place pour que chacun puisse bénéficier de ce trésor que sont des liens solides entre générations !

DES CADEAUX DU MÊME MONTANT POUR TOUS !

À Noël, c'est toujours la même histoire : alors que vos petits-enfants se précipitent pour déchirer leurs paquets, vous voyez vos enfants comparer la taille des différents cadeaux...
Dans ce cas, proposez à vos enfants de s'occuper eux-mêmes des achats en donnant la même somme pour chacun de vos petits-enfants : ainsi plus de corvée pour trouver le bon Spiderman ou la bonne poupée... et plus de reproches de vos enfants !

Témoignage

Armelle, grand-mère de 5 petits-enfants

« J'ai longtemps eu un faible pour l'aîné de mes petits-fils. C'est avec lui que j'ai fait mes premiers pas de grand-mère ! Sa sœur Clémence est arrivée 5 ans après, j'étais très heureuse, mais je n'ai pas ressenti la même joie qu'à la naissance de Matthias. Ensuite mon autre fille a eu un garçon, puis des jumelles il y a trois ans. Je me suis bien rendu compte de ma préférence pour Matthias, mais cela ne me posait pas de problème... Je n'avais pas réalisé que cela pourrait faire souffrir un jour mes autres petits-enfants, et notamment sa sœur, qui me l'a dit. Je me suis d'abord forcée à proposer les mêmes activités à tous, et surtout, à les emmener chacun à leur tour au cinéma, au zoo, au parc. J'ai appris à les connaître individuellement. Et aujourd'hui, je pense que j'apprécie autant mes cinq petits-enfants, mais chacun pour une raison particulière. »

JE LES AIME TROP

Depuis qu'ils sont nés, votre vie tourne autour de Lucie et Joseph. Ils n'ont jamais eu d'autre baby-sitter que vous ! S'ils sont grands, vous les appelez chaque jour (vous avez même acheté le téléphone et vous payez le forfait !). Le soir, vous allez les chercher à l'école, le week-end, vous les emmenez à leurs activités : à vous, les matchs de foot sous la pluie, ou la confection des costumes pour les galas de danse. Vous le faites toujours avec le sourire, vous adorez cela... parce que vous le faites pour eux !
Mais se rendent-ils compte de tous ces efforts ? Non, on dirait même qu'ils vous en veulent... Ils vous reprochent parfois de « *toujours être là* » !

Vous avez un rôle essentiel

Dans un monde qui tourne à toute vitesse, les grands-parents sont un ancrage essentiel. Vous êtes à la fois une source d'affection, d'apaisement, de sécurité et de stabilité familiale : c'est vrai pour vos petits-enfants, comme pour vos enfants. Donc rassurez-vous, on n'aime jamais « vraiment trop » sa descendance !
Et puis, il est tout à fait acceptable de laisser libre cours à votre enthousiasme et de dire à tout votre entourage que vos petits-enfants sont les plus beaux, photos à l'appui... mais il vaut mieux éviter de se comporter de la sorte devant eux !

Vous ne devez pas être la roue de secours !

Faites attention à ne pas vous laisser exploiter ! Ce n'est pas parce que vous adorez vos petits-enfants que vous devez être disponibles pour eux en permanence. Vos enfants ont tout compris : dès qu'ils ont un souci de garde, ils vous confient les petits, ils savent que de toute façon vous allez annuler dans la minute tout ce que vous aviez prévu.

N'organisez pas toute votre vie en fonction d'eux

N'organisez pas toute votre vie en fonction d'eux. Un jour, peut-être, vos enfants seront amenés à déménager et à s'éloigner. Et vos petits-enfants vont grandir... Cela ne veut pas dire qu'ils ne vous aimeront plus, mais leurs priorités évolueront et vous en souffrirez, si vous avez fait d'eux le centre de votre vie.

Trouver un juste équilibre

N'abandonnez pas les activités que vous appréciez, continuez à passer du temps avec vos amis. Voyez vos petits-enfants avec plaisir, quand tout le monde est disponible pour cela. Vous pouvez par exemple proposer de les garder un soir par semaine : ils seront heureux de vous voir, les parents seront ravis de souffler (et pourront sortir en amoureux !) et vos amis, sachant que ce soir-là vous êtes toujours pris, penseront à organiser dîners et sorties un autre soir !

Témoignage
Édith, grand-mère de 6 petits-enfants

« Je les aime trop, c'est un fait... mais personne ne peut m'empêcher de les câliner quand ils sont petits. J'adore les bébés ! De toute façon, dès qu'ils ont 3 ou 4 ans, ils prennent leur indépendance ! J'espère que mes enfants auront encore des bébés. »

JE LES GÂTE TROP

Le cadeau du dimanche, la virée shopping du mercredi, le gâteau au goûter du jeudi, le ciné du vendredi et le parc d'attractions du samedi ? Dites-donc, non seulement vous allez vous ruiner, à ce rythme, mais Emma, Louis et Flora vont s'habituer à vous voir les bras chargés de cadeaux et en exigeront toujours plus ! L'amour ne s'achète pas, ni ne se mesure au nombre de cadeaux. Limitez-vous aux anniversaires, à Noël et à une ou deux « grandes occasions » dans l'année, pour que le cadeau garde sa valeur... exceptionnelle !

Gâtez les enfants... mais juste un peu !

Couvrez-les d'amour, d'attentions, de tendresse et d'affection mais pas à grands renforts de jouets, de bonbons et argent ! C'est normal que les grands-parents soient un peu moins stricts sur certains points, mais dans la limite du raisonnable. Par exemple, oui aux friandises, mais seulement en certaines occasions et en petite quantité. Bien évidemment, ne les gâtez pas au point d'entraver l'éducation donnée par leurs parents. Trouvez le juste milieu qui plaira à vos petits-enfants et vos enfants.

UN CADEAU DOIT AVOIR UN SENS !

Si des cadeaux sont offerts à tout moment, non seulement ils vont finir par perdre leur signification, mais en plus cela risque de provoquer des disputes avec les parents !

Trouvez le juste milieu

Apprendre la frustration, c'est nécessaire !

Un enfant a besoin de limites. Il n'aura pas de cadeau s'il n'a pas été sage, s'il a eu une mauvaise note ou s'il a été désobéissant, par exemple. Il faut savoir dire non et habituer vos petits-enfants à attendre avant d'obtenir ce qu'ils veulent. Cela leur apprend la valeur des choses, et leur permet de comprendre qu'il ne suffit pas de claquer des doigts pour obtenir ce que l'on veut. Ils doivent aussi savoir remercier : c'est important d'exprimer de l'affection et d'apprécier ce qui leur est offert.

Vous pouvez également leur enseigner l'altruisme, par exemple en leur expliquant que vous donnez des vêtements à ceux qui sont dans le besoin, que vous êtes bénévole ou faites des dons à certaines associations.

Développer le sentiment de mérite

L'enfant doit comprendre qu'il ne peut pas avoir tout ce qu'il veut, que l'argent se gagne en travaillant (ou en ayant travaillé ! Il y a des petits-enfants qui félicitent leurs grands-parents retraités parce qu'ils « *gagnent de l'argent sans rien faire, quelle chance !* »). Il faut qu'il y ait une raison au cadeau pour éviter que l'enfant n'en demande toujours plus.

Il faut également qu'il sache qu'il ne recevra pas systématiquement un cadeau lorsqu'il viendra vous voir (non, mais !). Inculquer la valeur de l'argent à vos petits-enfants les aidera à devenir autonomes plus tard et, dans l'immédiat, fera d'eux des enfants moins capricieux.

APPRENDRE À ÉCONOMISER

Offrir une tirelire peut encourager l'enfant à économiser (vous savez, le cochon en porcelaine qu'il faut casser pour récupérer sa monnaie !).
À partir de 12 ans, il prendra conscience que l'argent se gagne, notamment en rendant des services : ménage, jardinage, bricolage, courses... ou en ayant un bon comportement.

Témoignage

Françoise, grand-mère d'une petite-fille

« À la naissance de ma petite-fille, j'étais retraitée depuis quelques années, j'avais des moyens financiers que je n'avais pas quand ma fille était petite. J'ai sans doute tenté de me rattraper en lui offrant plein de vêtements et cadeaux. Quand elle a eu un an, ma fille m'a dit qu'il fallait que j'arrête, que je m'étais fait assez plaisir ! »

Étude

Les grands-parents français réalisent près d'un tiers (31 %) des achats de jouets pour Noël, avec des dépenses en hausse régulière chaque année, faisant ainsi désormais quasiment jeu égal dans ce domaine avec les parents (Étude du cabinet NPD Group, 2012). À titre de comparaison, dans les autres pays d'Europe étudiés (Allemagne, Italie, Royaume-Uni et Espagne), les grands-parents ne réalisent qu'entre 18 et 23 % des achats de jouets de Noël, grâce à ceux effectués pour leurs petits-enfants. À eux seuls, les grands-parents contribuent à hauteur de 40 % du chiffre d'affaires du secteur du jouet et ils continuent d'augmenter leur budget pour gâter leurs petits-enfants (+ 4 %). En 2011, les grands-parents ont dépensé 1,3 milliard d'euros en jouets.

JE SUIS JALOUX/JALOUSE... DES AUTRES GRANDS-PARENTS

Pourquoi certains grands-parents ont-ils un lien plus étroit avec leurs petits-enfants? Parce qu'ils vivent plus près, parce qu'ils ont de meilleures relations avec leurs propres enfants, parce qu'ils sont en meilleure santé, parce qu'ils sont plus disponibles ou plus à l'aise financièrement, ou simplement parce qu'ils sont les grands-parents maternels…
Vos petits-enfants sont plus proches de leurs autres grands-parents ? Vous pouvez en souffrir en silence, avoir honte de ce sentiment de jalousie... ou prendre le taureau par les cornes. Qui sera le/la préféré(e) d'ici quelques mois ?

Un peu jaloux/(se) ? C'est normal...

C'est très dur, lors d'une fête de famille, de voir son petit-enfant se précipiter dans les bras de son « autre » grand-parent pour lui faire un gros câlin ! Ce sentiment de jalousie est normal, mais pour éviter que cela ne vous gâche la vie, il faut apprendre à le gérer.
Si vous vous sentez en rivalité ou avez l'impression d'être lésé(e), parlez-en avec votre fils ou votre fille (et, si vous vous sentez à l'aise, avec votre belle-fille !). Parlez de vous en évitant la comparaison avec les autres grands-parents. Dites-leur que les enfants vous manquent, que vous aimeriez les voir davantage, et proposez – si c'est possible – de venir les garder ou de les accueillir chez vous.

UN LIEN UNIQUE

Il y a des grands-parents que l'on voit très souvent, qui font partie de la vie de tous les jours, et d'autres, parce qu'ils sont loin, ou parce qu'ils ont un caractère plus introverti, qui semblent réservés aux petits bonheurs et aux grandes occasions. Chacun enrichit l'enfant, à sa façon.

Surtout, ne jamais se plaindre !

Le fait de voir peu ses petits-enfants entraîne parfois un sentiment de manque, l'impression d'être coupé(e) de sa famille. On y réagit en développant de la jalousie, en se sentant en

Une opération de séduction

rivalité, ce qui peut se traduire par une course aux cadeaux, une opération de séduction des petits ou de culpabilisation des grands, et parfois même par une sorte de chantage affectif. Évitez de tomber dans ce piège qui les détournera de vous et au contraire, efforcez-vous de nouer des liens chaleureux avec vos petits-enfants, qui en grandissant prendront l'initiative de demander à leurs parents de vous voir plus souvent.

Renforcer le lien avec vos petits-enfants

Ce n'est pas parce que l'on habite au loin que l'on ne peut pas être présent(e) dans la vie de ses petits-enfants ! Téléphone, WhatsApp, e-mail... permettent de maintenir le contact.

L'enfant, même petit, apprécie le fait qu'on lui accorde de l'attention et du temps. Même si vous gardez vos petits-enfants moins souvent que leurs autres grands-parents, vous pouvez créer un lien très fort en partageant avec eux des activités qui leur font plaisir et dont ils se souviendront.

Ce ne sont donc pas les heures passées ensemble qui sont importantes, mais la qualité de ces moments !

Grands-parents dans une famille recomposée

Tous les grands-parents ne réagissent pas de la même façon à l'arrivée de petits-enfants « rapportés », fils et filles des nouveaux conjoints dans la famille. Certains les intègrent spontanément, d'autres ont plus de mal à les accepter. Les grands-parents biologiques peuvent se sentir menacés par ces nouveaux visages dans la vie de leurs petits, mais ils doivent faire confiance au lien du sang qui les relie, et se rappeler qu'ils sont uniques dans la vie de leurs petits-enfants.

Témoignage

Nicole, grand-mère de 2 petits-enfants

« J'habite à Lille et 1 000 kilomètres me séparent de mes petits-enfants. Comment voulez-vous que je ne sois pas jalouse des grands-parents maternels qui habitent à deux pas des petits ? Mais je ne dis rien, je ne veux pas commencer à me plaindre. »

La rivalité des grands-parents en chiffres

En 2011, *Plus Magazine* aux Pays-Bas a réalisé un sondage sur la rivalité entre grands-parents en Europe. Quelques chiffres triés sur le volet.

- **17 %** des grands-parents interrogés pensent que les autres grands-parents ont un meilleur contact avec les petits-enfants.
- **60 %** des grands-parents, conscients de cette rivalité, en souffrent.
- Les grands-mères en souffrent davantage **(73 %)** que les grands-pères **(48 %)**.

Les autres grands-parents sont plus proches de leurs petits-enfants : parce qu'ils habitent plus près (**51 %**), parce qu'ils voient leurs propres enfants plus souvent (**41 %**), parce qu'ils ont davantage de temps (**5 %**) ou de moyens financiers (**3 %**).

- **31 %** des grands-parents le disent à ceux de l'autre bord.
- **22 %** se taisent.
- **41 %** cherchent à voir davantage leurs petits-enfants.
- Seuls **8 %** des grands-parents en parlent avec leur enfant.

JE NE SUIS PAS PRÉSENT(E)

On devient grand-parent chacun à sa manière : certains se trouvent trop jeunes pour endosser ce rôle et reçoivent la nouvelle comme un choc, d'autres ne souhaitent pas s'impliquer auprès de leurs petits-enfants parce qu'ils ont beaucoup d'autres occupations dans la vie. Parfois, avec le temps, vous vous rendez compte que le lien ne s'est pas créé et vous le regrettez. Comment faire pour avoir sa place dans la vie de ses petits-enfants ?

Vous travaillez encore

Si vous travaillez à plein temps, avec des horaires à rallonge... Il sera impossible pour vous d'être à la sortie de l'école, à moins de poser un RTT. Certains grands-parents vivent cela sans culpabilité (et se le font reprocher !), d'autres aimeraient en faire plus. N'hésitez pas à en parler avec vos enfants, précisez-leur par exemple qu'en cas d'urgence vous pourrez vous libérer. Si vous savez répondre présent(e) dans les « grands » moments, vous verrez, vous ne serez pas frustré(e), et plus tard, vos petits-enfants se souviendront très bien de ces instants passés avec vous.

NE PAS SE FAIRE EXCLURE MALGRÉ SOI !

Vous avez une mauvaise santé et pour vous, c'est devenu impossible de prendre en charge des petits un peu turbulents ? Parlez-en avec les parents : même si vous ne pouvez pas les garder, vous ne devez pas être exclu(e) de leur vie pour autant ! Invitez-les chez vous en famille régulièrement, quitte à commander un repas ou vous faire aider si vous êtes trop fatigué(e) pour passer du temps en cuisine.

Témoignage

Pierre, grand-père de 4 petits-enfants

« Je travaille, donc je n'ai pas le temps. Mais au fond, je n'ai pas très envie de m'occuper de tout-petits. Je ne me suis pas beaucoup occupé de mes enfants quand ils étaient petits non plus... Je n'ai pas le souvenir d'avoir donné un biberon, par exemple. Mais je sais que quand ils vont grandir, les choses se passeront différemment. Je sens que mon petit-fils de 8 ans commence à s'intéresser aux voitures, l'une de mes passions. »

Vous habitez loin d'eux

La distance peut être en partie abolie

Vous avez choisi de prendre votre retraite au soleil, et parfois vous culpabilisez. Aujourd'hui, la distance peut être en partie abolie grâce au téléphone et aux applications qui permettent de voir vos interlocuteurs sur votre ordinateur ou tablette tout en leur parlant. Évidemment, l'envoi de photos et de cartes par courrier aura aussi pour effet de réduire les kilomètres ! Fixez des rendez-vous, par exemple « On s'appelle tous les mercredis à 19 h 30 », de manière à ne pas se laisser emporter par le quotidien... et à toujours reporter les appels à « plus tard ».

Vous vous êtes disputé(e) avec les parents

Vous êtes en conflit avec vos enfants et cela rejaillit forcément sur votre relation avec vos petits-enfants. Vous avez sans doute moins de contacts, moins d'occasions de vous voir, donc moins de complicité... Heureusement, cela peut changer au moment de l'adolescence, mais d'ici là, il faudra prendre votre mal en patience, ou alors prendre l'initiative dès maintenant de renouer le dialogue avec vos enfants.

Le rôle de la belle-fille

Elle vient d'une autre famille, a une autre vision de l'éducation, des rapports petits-enfants/grands-parents... Elle remet donc en question vos façons de faire. Ce qui serait formidable, ce serait d'arriver à s'ouvrir à cette nouvelle culture familiale. Cela ne se passait pas comme ça chez vous, ou à votre époque ? Observez... ce n'est pas parce que les habitudes diffèrent qu'elles sont mauvaises !

JE SUIS ENVAHISSANT(E), PARAÎT-IL !

Ou du moins, c'est ce que l'on dit de vous ! Non ?! Certains grands-parents ne réalisent pas qu'ils sont parents d'adultes, c'est-à-dire de personnes pouvant prendre seules les décisions. Si dès votre première visite à la maternité, vous vous êtes mis à donner des conseils, les parents ne se sont plus sentis maîtres de la situation. Un trop-plein de bienveillance et d'attentions peut complètement les étouffer ! Essayez d'éviter à tout prix de devenir l'un de ces grands-parents qui n'ont d'yeux que pour leur nouveau petit trésor, oubliant presque l'existence des parents !

En quoi le fait de vouloir voir mon petit-enfant souvent pose-t-il problème ?

Depuis sa naissance, vous êtes – ou voulez être – auprès de votre petit-enfant en permanence. Ce n'est pas possible, rappelez-vous, vous n'êtes pas le parent ! Alors rongez votre frein et changez de méthode : appelez toujours vos enfants avant de leur rendre visite... et tentez de ne pas leur imposer votre passage chaque jour !

Changez de méthode

Essayez également de limiter le nombre de vos coups de fil. Quand vos petits-enfants seront (un peu !) plus grands, vous pourrez demander de les garder chez vous, en journée et même la nuit de temps à autre, pour pouvoir les chouchouter à loisir ! Pendant ce temps, les parents seront ravis de pouvoir se reposer !

Évitez de donner des conseils, sauf si vous êtes sollicité(e)

Même si vous pensez tout savoir sur la parentalité, gardez-vous de tout commentaire, sauf bien sûr si l'on vous demande votre avis. Votre enfant et son conjoint peuvent avoir des idées différentes des vôtres concernant l'éducation des enfants et n'ont pas forcément envie de connaître votre point de vue. Bien sûr, vous pouvez être sollicité(e), mais ne tentez pas de leur dire exactement quoi faire, qu'il s'agisse de changer une couche ou de mener leurs enfants vers une vie d'adulte responsable. Tout commentaire, critique ou insinuation donneront l'impression aux parents que vous les considérez comme incompétents. Il faut les laisser éduquer leurs enfants comme ils l'entendent et jouer pleinement leur rôle.

PAS TROP DE CONSEILS !

Si vous donnez trop de conseils, les parents vont vous tenir à distance, ce qui pourrait nuire à la qualité de votre relation à vos petits-enfants.

Évidemment, si vous gardez vos petits-enfants au quotidien, vous aurez d'autant plus tendance à donner votre avis, mais... chut, respectez-vous les uns les autres !

Ne jamais prendre parti

Évitez d'aller jouer les chevaliers blancs !

Votre fils a toujours raison. En revanche, votre belle-fille fait n'importe quoi avec les enfants. « *Pas étonnant qu'ils soient si capricieux !* »

Si un jour vous faites ce genre de commentaire à voix haute, ne vous étonnez pas de l'explosion qui va suivre !

Vos petits-enfants sont insupportables ? Peut-être, et alors ? Ce n'est pas à vous de vous charger de leur éducation, tant pis pour les parents qui doivent en baver ! Au contraire, c'est votre Juju si adorable qui se plaint de son papa trop sévère ? Là encore, évitez d'aller jouer les chevaliers blancs ! L'enfant ne veut peut-être jamais se coucher le soir, réveille toute la famille la nuit, ou exige des bonbons au petit déjeuner ! Faites confiance aux qualités de parents de vos enfants. Toute la famille vous en sera reconnaissante.

Témoignage

Livia, grand-mère de 4 petits-enfants

« Franchement, il faut toujours marcher sur des œufs avec ses gendres et belles-filles. Dès que je propose quelque chose concernant de près ou de loin mes petits-enfants, ils me regardent comme si j'allais les leur enlever. Mes enfants me demandent de calmer le jeu. Alors je me tais, mais ce n'est pas évident, je suis d'origine italienne, une vraie mamma volcanique. »

La limite n'est pas facile à trouver : être présent sans s'immiscer dans la vie familiale, pas si simple !

Autant la relation grand-mère/fille est souvent assez fluide, autant la relation grand-mère/belle-fille n'est pas toujours évidente… Il faut proposer ses services sans les imposer. Être présent si besoin mais ne pas s'inviter. Laisser leur liberté aux parents ainsi que leur rôle d'éducateurs, et ne jamais les contredire en présence des enfants. Les règles de la vie familiale sont fixées par les parents, même s'ils ont tort à vos yeux. Les grands-parents doivent s'y adapter en présence des petits-enfants, et si différend il y a, on en discute seul à seul. Le bonheur des petits-enfants passe en priorité !

JE N'ARRIVE PAS À COMMUNIQUER AVEC EUX

Areuh, gueugueu... Non, merci, très peu pour vous ! Et les petits diables qui sautent partout, encore moins ! Quant aux adolescents, à chaque génération, ils sont pires. Vous avez beau essayer, vous ne comprenez rien à votre descendance... Et aujourd'hui, vous êtes complètement découragé !

Pourquoi cette incompréhension ?

Peut-être, comme c'est le cas pour beaucoup de grands-parents (allez, beaucoup de monde en général !), n'avez-vous aucune affinité avec les nouveau-nés ? Il faut bien admettre (mais si !) qu'au début ils ne font que dormir, manger et se salir ! Qu'importe, vous vous intéresserez à votre petit-enfant plus tard, quand il dira ses premiers mots, ou quand vous pourrez avoir de premières vraies conversations. Mais peut-être est-ce le monde d'aujourd'hui qui vous dépasse ? Les tout-petits déjà fascinés par l'écran du portable de leurs parents, leurs centres d'intérêt tellement éloignés de votre monde au même âge ? Dans ce cas, il vous faudra faire des efforts pour vous intéresser... et comprendre ces Martiens que sont vos petits-enfants !

Peut-être est-ce le monde d'aujourd'hui qui vous dépasse

Écoutez vos petits-enfants

Prenez le temps d'écouter ce qu'ils ont à dire. Soyez attentif et disponible lorsqu'ils vous parlent, plutôt que de les écouter d'une oreille. Regardez-les, ne les jugez pas et prenez-les au sérieux.

Parfois, ils vous confieront des choses dont ils n'ont pas envie de parler à leurs parents.

Rester dans son rôle

Vous n'êtes pas obligé de savoir décrypter le babillage d'un tout-petit et personne ne vous demande de vous passionner pour les jeux vidéo ! Vous êtes un grand-parent, et par là même quelqu'un qui pourra donner du temps et de l'amour à ses petits-enfants. C'est tout ce que l'on vous demande ! Pas la peine d'écrire en langage sms pour être *cool*. Donc… restez-vous même (même si vous êtes bougon !).

Témoignage

Laurent, grand-père de 6 petits-enfants

« Quand mes enfants étaient bébés, ce n'était pas simple. Mais à partir de 7 ans, on pouvait avoir de vraies conversations. Aujourd'hui, à deux ans ils sont devant la télé, à six sur leur console, et ils enchaînent avec un smartphone. Expliquez-moi quand on pourra se parler cinq minutes ?! »

ROUTINES VS VALEURS

Selon une enquête menée par l'institut Viavoice pour l'Ocirp (Organisme commun des institutions de rente et de prévoyance), l'équilibre de la famille repose bien plus sur les activités routinières que sur les valeurs. En effet, la politique et la religion sont les premiers sujets discordants, tandis que l'entraide et les activités partagées permettent de souder le cercle.

JE SUIS TROP LAXISTE

C'est un fait ! Après avoir éduqué vos enfants, vous n'avez qu'une idée en tête : faire plaisir à vos petits-enfants ! Sorties, cadeaux, gâteries, caprices, vous applaudissez à tout, sans distinction, aveuglé(e) par votre amour grand-parental !
Même quand les anges se transforment en véritables petits monstres, vous gardez le sourire et affirmez qu'« *ils sont si mignons !* »
Pourtant, au retour de vacances chez vous, vos enfants vous ont demandé comment cela s'était passé, parce qu'à la maison « *ils sont intenables* ». Attention, les reproches pourraient poindre...

Ce n'est pas facile d'être strict !

Il est toujours plus simple de se laisser attendrir pour avoir – sur l'instant ! – un peu de tranquillité ou un câlin... Mais vous allez au-devant de problèmes : plus l'enfant s'affirmera, moins il vous écoutera !
Ne vous laissez pas marcher sur les pieds. Si vous dites oui à tout, vos petits-enfants vont devenir irrespectueux et réfractaires aux règles, à l'école et chez leurs parents !

ON SE CALME !

Les parents doivent aussi arrêter d'angoisser par rapport à ce qui se passe chez les grands-parents : chacun doit faire la part des choses entre l'éducation quotidienne des enfants et les petits écarts qui arrivent forcément chez les grands-parents.

Attention aux bonnes manières...

Un enfant qui sait dire « bonjour, merci, s'il vous plaît » maîtrise les règles de base de la vie en société. Et c'est en famille qu'il doit apprendre tout cela. Soyez rigoureux/(se) concernant cette politesse élémentaire, tout comme le respect des horaires, et l'aide aux tâches ménagères quand ils sont en âge de s'en charger. Un petit de 2 ans doit apprendre à remettre ses jouets dans le coffre quand il a fini de jouer, un « grand » de 5 ans peut apprendre à mettre son assiette dans l'évier sans que cela les traumatise ! Au contraire, vous leur rendez service !

Soyez rigoureux

Préserver l'entente avec les parents

Vous devez respecter les règles que mettent en place les parents, à quelques petits écarts près : si tout n'est pas tout à fait pareil chez vous et chez ses parents, l'enfant pourra parfaitement s'adapter. En revanche, s'il se rend compte que vous transgressez ostensiblement et régulièrement les interdits posés par les parents, cela posera réellement problème, dans sa relation aux autres et aux règles, et compromettra son intégration dans la société. Il pensera que le fait de transgresser un interdit avec l'assentiment d'un adulte lui donne le droit de passer outre toutes les autres limites... C'est logique, non ?

VOS ENFANTS VOUS FONT DES REPROCHES ?

Vos enfants peuvent être jaloux ! Ils pourront penser que vous ne vous êtes pas aussi bien occupé(e) d'eux, que vous avez été plus strict(e) ou plus distant(e) avec eux que vous ne l'êtes avec vos petits-enfants.

Témoignage

Solange, grand-mère de 6 petits-enfants

« Chez moi, mes petits-enfants ne sont pas obligés de se laver et ça fait hurler ma fille. Franchement, ce n'est pas parce qu'ils n'ont pas pris de bain pendant une semaine que ça va les rendre malades ! Et puis je sais que ce que mes petits-enfants aiment, c'est justement le fait que je ne leur impose rien : on mange en commençant par le dessert si on veut, on se couche et on se réveille tard... On a le droit d'être libre le temps des vacances, non ? La vie est déjà assez compliquée aujourd'hui. »

YOUPI !!
CHEZ PAPI TOUT
EST PERMIS !

JE SUIS STRESSÉ(E)

Devenir grand-parent, c'est un tsunami ! Dès l'annonce, on se retrouve décalé(e) d'une génération, avec un nouveau rôle à jouer – auquel on n'avait jamais pensé et face à soi des attentes parfois exagérées – « *Vous vous en occuperez hein ? Parce qu'on a envie de rester un couple !* » Pfff ! tout cela a vite fait de vous stresser, tellement que vous n'en dormez plus la nuit !

Prendre le temps

Laissez-vous le temps d'apprendre votre rôle et de connaître la bonne distance à avoir, par rapport à vos enfants et vos petits-enfants. Il faut trouver l'équilibre juste, entre la présence et l'intrusion. Si vous avez peur des tout-petits, ce sentiment d'avoir « perdu la main », dites-le : vos enfants préféreront en général vous voir dans l'attitude de celui ou celle qui a envie d'apprendre à leur contact plutôt que du grand-parent « qui sait tout et va leur expliquer ». Vers 6 mois, quand votre petit-enfant se mettra à vous reconnaître, vous sourire, et qu'il vous paraîtra peut-être un peu moins fragile qu'au premier jour, vous commencerez à éprouver du plaisir en sa compagnie. Au fil du temps, vous vous apprivoiserez l'un l'autre.

Trouver l'équilibre juste

Vous préférez les avoir en photo !

Allez, vous n'êtes pas le seul à le penser ! L'étude Belhambra/Opinion Way mentionne que 67 % des plus de 65 ans sont de votre avis ! 65 % d'entre eux estiment en outre que la présence au quotidien de leurs petits-enfants est une contrainte : surveillance, difficulté à trouver des passions communes, manque de temps pour soi, etc.

Ne vous forcez pas à être un grand-parent exceptionnel !

Sur ce point aussi, relâchez la pression ! Qu'attend-on de vous ? De la disponibilité côté parents, de l'amour côté petits-enfants. Vous avez ça en stock ? Alors tout va bien ! Jouez avec vos petits-enfants, racontez-leur des histoires, parlez-leur des bêtises de leurs parents petits... tout cela sera l'occasion de moments joyeux !

Profitez de cette relation unique

Acceptez le rôle qui est le vôtre dans la vie de vos petits-enfants : profitez du temps que vous passez avec eux, aidez quand c'est nécessaire, cela suffit largement ! Plus vite vous accepterez ce fait, plus vite vous profiterez de la relation unique que vous pourrez avoir avec vos petits-enfants.

Témoignage

Anne, grand-mère de 2 petits-enfants

« Ça va mieux aujourd'hui, mais c'est vrai que j'ai voulu être une grand-mère parfaite : celle qui est présente mais pas trop, qui l'emmène au parc et au musée, qui est à la sortie de l'école avec la viennoiserie qu'il aime, en fait, je ne pensais qu'à lui faire plaisir et à être appréciée et félicitée en tant que supermamie par mon fils et ma belle-fille... jusqu'au jour où j'ai frôlé le burn-out grand parental. J'ai relâché la pression, appris à dire non... et surtout me suis souvenue que j'avais ma propre vie à mener. »

Je suis trop sévère

« Les enfants d'aujourd'hui sont insupportables », vous dites ? Il y a celui qui a toujours sa tétine à la bouche à bientôt cinq ans, celle qui ne mange jamais rien, celui qui pique sa crise à la moindre occasion… Vous réclamez d'urgence le retour de la discipline militaire ?

Un doudou, une tétine, un autre doudou… et puis quoi encore ?

À votre époque (la seule, la vraie, la meilleure !), les bébés avaient un ourson en peluche dans leur lit, qui n'en sortait jamais. Dès l'entrée à l'école, l'enfant devenait grand et le doudou partait à la poubelle, on n'en parlait plus. Bien sûr, aujourd'hui les enfants ont énormément – souvent bien trop ! – de peluches, mais en général, un seul doudou que les parents achètent en multiples exemplaires, conscients du drame que peut représenter sa perte. Le doudou, comme la tétine, est un objet de transition, qui rassure l'enfant, l'aide à grandir et à affronter en confiance des situations nouvelles. Très naturellement, il s'en détache tout seul quand il décide de passer à autre chose. N'avez-vous jamais croisé dans la rue un ado muni d'une tétine ?

Les doudous gardent parfois leur place dans la chambre jusqu'à l'âge adulte, mais ils restent là avant tout comme témoins d'une enfance heureuse, que l'on se remémore avec nostalgie !

On s'installe à table à l'heure, et on termine son plat !

« Si on ne met pas en place des règles, c'est l'anarchie ! Chacun fait ce qu'il veut quand il veut, c'est invivable ! » S'il est évidemment impossible de prévoir cinq services pour dix personnes, même en vacances, il n'est pas non plus obligatoire qu'enfants et adultes partagent systématiquement tous les repas. La petite de six ans qui a à peine mâché un morceau de viande au déjeuner se rattrapera au goûter, quant à l'ado qui a petit-déjeuné à 11 h 30 après une quasi-nuit blanche, pas la peine d'exiger qu'il enchaîne entrée, plat, fromage et dessert dès 12 h 30 ! Respirez un bon coup, dites-vous que chacun s'occupe de son assiette, et vous verrez, tout va bien se passer…

Pas question de négocier avec un enfant, ce sont les adultes qui décident !

« Tu préfères aller à la plage avec tes cousins, au ciné avec mamie, ou faire la sieste avec moi ? » Vous ne supportez plus les listes à rallonge que votre fille propose chaque après-midi de vacances à ses enfants ? Pourtant, la vie, c'est faire des choix, parfois difficiles, et finalement, plus tôt on y est confronté, mieux c'est, non ? Et si vous n'êtes toujours pas convaincu, relisez le chapitre sur l'éducation… Si cela ne vous parle toujours pas, on ne peut plus rien faire pour vous !

BIENVEILLANCE NE VEUT PAS DIRE MANQUE D'AUTORITÉ !

Les parents d'aujourd'hui, s'ils refusent d'imposer leurs vues, sont cependant conscients que l'enfant a besoin d'un cadre et de la présence autour de lui d'adultes de confiance pour s'épanouir. Plus guides que chefs, les parents montrent le chemin et savent prendre les décisions qui s'imposent pour le bien-être de chacun.

Quand il vaut mieux fermer les yeux

Si les droits des enfants sont aujourd'hui mieux respectés, vous constatez que certains parents, en systématisant le dialogue et les explications, oublient purement et simplement de poser des limites et se font clairement tyranniser par leurs petits. En tant que grand-parent, vous vous rendez bien compte que cela ne rend pas service aux enfants ! Mais bon, si vous repensez à la période où vous étiez jeunes parents, avez-vous copié le modèle d'éducation que vous ont donné vos parents ? Probablement pas ! Donc, à votre tour de laisser la nouvelle génération expérimenter de nouvelles manières de faire…

JE N'Y ARRIVE PAS, MAIS VRAIMENT PAS

Les grands-parents sont tous différents. Certains d'entre eux ont du mal à se glisser dans la peau de l'aïeul : ce n'est pas simple de se sentir vieillir d'un coup !
Vos enfants vous reprochent d'être égoïste ? Vous avez peut-être simplement besoin de temps. Être grand-parent n'est pas un devoir, c'est un cap à franchir !

C'est compliqué depuis le début

On n'ose pas toujours parler de cette ambivalence des sentiments ressentie à la naissance d'un petit-enfant. Autour de vous, on vous dira : « Être grand-parent, ce n'est que du bonheur ! » En réalité, parmi ces heureux grands-parents, certains appréhendent les vacances d'été, les enfants qui courent partout, l'intendance à assurer, les jeux à inventer, tout cela pour soulager leurs propres enfants « si fatigués ».
D'autres grands-parents sont minés par le fait que toutes leurs initiatives sont saluées par leurs enfants d'un « On verra plus tard ! »... qui n'arrive jamais.

« Sois grand-parent et tais-toi », non merci !

Les accusations d'ingratitude fusent

D'autres grands-parents se plaignent de ne jamais avoir leur mot à dire. S'ils se plient en quatre pour les prendre en vacances, on leur reproche de ne pas être là tous les soirs après l'école. S'ils sont en voyage au moment de l'anniversaire d'un enfant, ils sont accusés d'égoïsme... Si vous tentez de rappeler que vous avez une vie sociale, à laquelle vous n'entendez pas renoncer, les accusations d'ingratitude fusent. Évidemment, personne ne peut se montrer satisfait de ce rôle muet, sauf à vouloir ne pas s'occuper du tout de ses petits-enfants !

Vous critiquez l'éducation que vos enfants leur donnent

« Celle-là, si elle devait passer cinq minutes au coin à chaque fois, elle arrêterait ses caprices », et « Celui-ci, si on lui confisquait sa console, il aurait certainement de meilleures notes à l'école »... Pensez ce que vous voulez, mais surtout, ne le dites jamais à voix haute, ni devant vos enfants – qui sont des adultes responsables, qui ont fait des choix d'éducation qui sont ce qu'ils sont, mais que vous n'avez pas à juger parce que ce n'est pas votre rôle... Votre langue a fourché ? Il reste une solution, celle de vous excuser !

Besoin d'être initié(e) ou d'échanger ?

Le réseau EGPE (il y a une quinzaine d'Écoles de grands-parents européens dans toute la France) a été créé en 1994 par Marie-Françoise Fuchs, médecin psychothérapeute, sur le modèle de l'École des parents. Son objectif ? Favoriser les relations entre grands-parents et petits-enfants. Des groupes de parole sont organisés autour de différentes thématiques : « grand-mère pour la première fois », « belles-mères et belles-filles », « psychogénéalogie »...
Si vous avez du mal à trouver vos marques, consultez le site www.egpe.org ou appelez le 01 45 44 34 93.

COMMENT TROUVER MON STYLE ?

PETIT BILAN

À l'arrivée d'un bébé, les grands-parents (et le plus souvent la grand-mère !) se font littéralement enrôler par les jeunes parents. Bien entendu, cela se fait en fonction des besoins des parents mais aussi de la personnalité des grands-parents… et de leurs souhaits d'implication.
C'est dans cet ajustement entre désirs, réponses et actions que vont se construire les différents styles de nouveaux grands-parents.

Un point commun à tous, vous êtes jeunes !

En 50 ans, les femmes ont gagné 14,5 ans d'espérance de vie en bonne santé. Les grands-mères sont donc plus jeunes aujourd'hui qu'hier, sur le plan physique et dans leur tête ! Pour les grands-pères, c'est pareil ou presque… mais surtout, aujourd'hui, ils ont envie de s'impliquer, alors que les générations précédentes se tenaient souvent à distance respectable des tout-petits !

Parmi les multiples modèles, à vous de définir votre style

Le rôle des grands-parents, et particulièrement le rôle des grands-mères, est très important dans la famille contemporaine. Il est de plus « personnalisé » en fonction du style de grand-mère, du rôle qu'elle s'est choisi et qui est reconnu par ses enfants et ses petits-enfants. L'idéal est de réfléchir à l'avance au grand-parent que l'on souhaite être et d'en discuter ouvertement avec les futurs parents.

À la naissance, vous débutez ainsi sereinement votre apprentissage, en sachant qu'il faudra des ajustements en chemin. Mais vous apprendrez de vos erreurs, n'est-ce pas ?

> **L'idéal est de réfléchir à l'avance au grand-parent que l'on souhaite être**

> **PARFOIS, VOUS NE VOUS RECONNAÎTREZ PAS VOUS-MÊME !**
> On voit souvent des grands-parents qui ont été des parents impatients ou peu disponibles, déployer des trésors de patience avec leurs petits-enfants !

Les façons d'être grand-mère et grand-père : des images contrastées

Lorsque l'on considère le grand-parent d'aujourd'hui, deux images cohabitent mais s'opposent : la première, positive, renvoie à une certaine nostalgie, celle de grands-parents tendres et généreux et de jeunes enfants sages, image d'un « bon vieux temps » sans doute imaginaire…

La seconde présente des seniors actifs et en pleine forme, toujours aussi charmants, mais plus individualistes et donc moins tournés vers leurs petits-enfants !

LES FEMMES SONT PLUS ACTIVES

Les femmes sont les plus actives, comme en témoigne l'École des grands-parents européens, qui s'est créée en 1994 pour étayer les premiers pas de ces papis et mamies nouvelle vague : 84 % des appels reçus sont le fait de ces dernières.

Des chiffres étonnants (INSEE)

Les femmes diplômées sont moins fréquemment grands-mères : 73 % des femmes de 75 ans ou plus ayant le baccalauréat le sont contre 84 % des non-diplômées du même âge, soit 11 points d'écart. Le fait de devenir grand-parent dépend évidemment de sa propre fécondité, mais aussi de celle de ses enfants. Les femmes diplômées sont plus souvent sans enfant (+10 points par rapport aux non-diplômées) et elles sont un peu plus souvent mères sans être grands-mères (+1 point). Quant aux hommes, huit sur dix deviennent grands-pères, qu'ils soient diplômés ou non.

GARDE CE PRÉCIEUX TRICOT CONFECTIONNÉ PAR TON AÏEUL. IL TE PROTÉGERA DU FROID

LES GRANDS-MÈRES DES ANNÉES 1960

À l'époque de la comtesse de Ségur, le rôle de grand-mère était bien défini ! Il aura fallu attendre les années 1960 pour que des sociologues précurseurs pensent à observer « la nouvelle grand-mère ». Ils en ont défini 5 grands styles (vous remarquerez que pour les styles de grands-pères, on attend toujours !) :

1. Le style « formel »

Ces grands-mères se conforment à un rôle traditionnel avec leurs petits-enfants, tout en étant présentes.

2. Le style « distant »

On ne voit ces grands-mères qu'à l'occasion des fêtes et des événements familiaux.

3. Le style « garant de l'histoire et de la sagesse familiale »

Ces grands-mères sont investies dans la transmission à leur descendance.

4. Le substitut parental

Ce sont des grands-mères investies d'un rôle plus large, éducatif, semblable à celui des parents.

5. Le style « compagne de jeu »

Elles sont proches des enfants avec lesquels elles ont développé des relations plus ludiques.

Les deux derniers types de grands-mères, minoritaires dans les années 1960, se sont développés à partir des années 1990 :
• les substituts parentaux, en raison de l'augmentation des divorces et des familles monoparentales ;
• les amuseurs, à la suite du changement des mœurs et de l'assouplissement des modes éducatifs.
Le style formel, qui était le plus répandu, n'est quasiment plus représenté, les « réservoirs de sagesse » non plus, tandis que le mode « distant », bien que minoritaire, demeure.

LES GRANDS-MÈRES D'AUJOURD'HUI

À partir des entretiens réalisés dans le cadre de son enquête de 2009, IPSOS a identifié 5 grandes catégories, selon que la grand-mère entretient des relations plus ou moins proches ou plus ou moins distantes avec ses petits-enfants.

Les « très proches »

Les « très proches », la grand-mère « providence » et sa variante, la grand-mère « pompier ».

• La grand-mère providence a organisé sa vie au service des autres et en particulier de ses enfants et petits-enfants. Dévouée, méritante, admirable, elle n'est pas rare parmi les grands-mères actuelles.

• La « grand-mère pompier » est complètement disponible pour ses enfants et petits-enfants, elle arrive en courant quand il y a un problème. Elle adore s'occuper de ses petits-enfants, tout en étant perfectionniste et en ayant besoin d'être rassurée, qu'on lui confirme que ce qu'elle fait est bien.

Les « proches »

C'est-à-dire les grands-mères « créatives », sont dynamiques et enthousiastes. Elles ont deux variantes, la « cheftaine » et la « fée sénior ».

• La cheftaine aime entraîner ses petits-enfants en groupe dans des découvertes de toutes sortes, que ce soit dans la nature ou dans des lieux propices à des apprentissages du domaine de l'art, de la science ou de la culture.

• La fée sénior donne libre cours à sa fantaisie et vit pleinement avec ses petits-enfants dans le monde magique de l'enfance.

Les « trop proches »

Ou la « matriarche » et la « mère adjointe ».

• La « matriarche », avec sa forte présence, sait généralement mieux que les parents comment soigner l'enfant, ce qu'il convient de lui donner à manger et comment cuisiner. Les belles-filles sont généralement réfractaires à ce style de grand-mère. Il en découle de sérieux risques de conflits et d'éloignement de la part du jeune couple, limitant l'accès au petit-enfant à la grand-mère, avec toute la souffrance qui en découle.

• Il y a aussi la « mère-adjointe ». La grand-mère a auprès de ses petits-enfants des fonctions éducatives du même ordre que celles des parents. Elle y est le plus souvent conduite par les circonstances, divorce, indisponibilité des parents…

À la différence de la matriarche, la « mère-adjointe » n'a pas toujours choisi d'être aussi impliquée dans l'éducation de ses petits-enfants et subit cette situation, même quand elle l'assume de bon cœur et en retire de réelles gratifications.

Les « assez proches »

Où l'on trouve la grand-mère « cocon » et la grand-mère « émérite ».

• La grand-mère « cocon » navigue autour de la « bonne distance », ni trop proche, ni trop loin, sans toujours la trouver. Le plus souvent elle n'est pas aussi présente qu'elle le souhaiterait, soit qu'elle habite loin des petits-enfants, soit qu'elle est très occupée par son travail ou de multiples activités. Elle établit cependant une relation affective forte avec les petits-enfants par des contacts à distance (par courrier, téléphone ou même Internet) ou par l'intensité des moments passés avec eux. Elle est un peu en recherche pour inventer son rôle, lui donner un contenu, elle s'informe autour d'elle, multiplie les cadeaux et jouets…

Ni trop proche, ni trop loin

• La « grand-mère émérite » a beaucoup aimé ses petits-enfants, qui ont maintenant grandi et lui portent une tendresse particulière. Aujourd'hui, souvent déjà arrière-grand-mère, elle est dispensée de s'occuper des petits derniers et d'une certaine façon, elle se met un peu « en repos ». Il lui reste toujours un rôle de confidente, de complice ou de symbole de la famille. Elle offre une écoute bienveillante, indulgente aux « bêtises » que peuvent faire petits ou plus grands et prête une oreille attentive au besoin de confidences de l'un ou de l'autre.

Les « figures distantes »

Cinquième et dernière catégorie, les « figures distantes », surnommées « icônes » et « bibelots ». Ces grands-mères lointaines communiquent peu mais occupent leur place dans la famille. Elles sont représentées, aux yeux de leurs petits-enfants, soit comme des personnages mythiques, des icônes, soit comme des personnages passifs et réifiés, des bibelots. Ces styles appartiennent plutôt au passé mais on les trouve encore aujourd'hui dans certaines familles un peu traditionnelles, ou venant de cultures où se maintiennent des modèles formels de grand-parentalité.

Peu d'échanges avec leurs petits-enfants

Ces grands-mères ont peu d'échanges avec leurs petits-enfants, sauf sur un mode conventionnel, et ne cherchent pas à avoir de relation personnelle avec chacun d'eux, même si elles restent présentes dans le cercle familial. Certaines enfin n'hésitent pas à s'affirmer comme « grands-mères indignes ». Prenant délibérément ses distances, elles ne veulent pas s'occuper de leurs petits-enfants : elles considèrent en avoir terminé avec cette responsabilité maintenant que leurs propres enfants sont élevés. Elles ont le sentiment du devoir accompli, elles veulent avoir du temps libre et se sentent le droit de se consacrer désormais à elles-mêmes et à leur conjoint. Elles sont avant tout centrées sur leur propre bien-être ou sur leur vie amoureuse et personnelle.

Étude : Les représentations de la grand-mère aujourd'hui, principaux chiffres du sondage IPSOS DRS (2009)

La grand-mère idéale vue par les Français et par les grands-mères elles-mêmes

Comparatif des réponses des Français et des grands-mères :
La grand-mère gâteau est disponible pour sa famille : 49.4 % / 67,9 %
Transmet des valeurs morales à ses petits-enfants : 74.1 % / 80,2 %
Jeune et tonique, prend plus de temps pour elle-même : 82.8 % / 79,4 %
(Échantillon représentatif de la population française / échantillon des femmes de plus de 40 ans grands-mères)

OH, REGARDEZ !
LE MONSIEUR
SUR LA PEINTURE,
ON DIRAIT PAPI !

ET MOI, QUELLE GRAND-MÈRE AI-JE ENVIE D'ÊTRE ?

Loin des études et des statistiques, il y a vous, vos envies et votre personnalité ! À vous de créer un style, le vôtre ! Et bien entendu, le grand-père doit s'impliquer et choisir le sien également.
Si vous avez besoin d'inspiration, voici d'autres styles de grands-mères à s'approprier... ou à réinventer !

1. Mamie confitures

C'est une autre vision de la tradition ! Vous voulez être une grand-mère proche, réconfortante. Dans votre maison, tout est *cosy*, il y a des plantes et des bouquets de fleurs, et toujours de délicieux effluves qui émanent de la cuisine. Vous aimez transmettre vos passions à vos petits-enfants, et notamment celle de la cuisine, vous êtes un vrai cordon-bleu !

2. Mamie rock & roll

Vous aimez faire la fête ! Vous vivez avec votre temps et vous intéressez à tout ce qui est nouveau... pour faire partager vos découvertes à vos petits-enfants. Évidemment, ils ne vous appellent pas mamie ! La bonne blague ! C'est sûr, avec vous, vos petits-enfants ne vont pas s'ennuyer (ils ne vont pas dormir beaucoup non plus !).

Créer un blog pour partager ses instants de vie avec ses petits-enfants

Si vous n'avez pas envie de divulguer votre quotidien sur les réseaux sociaux, sachez qu'il existe des plateformes de blogs pour partager en privé des photos avec ses proches. Vous pouvez y publier des albums photos, des vidéos, tenir un journal de bord, etc. La création d'un blog se fait en quelques minutes, sans connaissance technique particulière.

3. Mamie art et culture

Avant de prendre votre retraite, vous étiez peut-être enseignante ? Ce qui vous intéresse, c'est la transmission du savoir. Vous avez le goût du beau, en art comme en littérature, et très tôt, vous entraînerez vos petits-enfants dans les musées et leur ferez partager votre bibliothèque. Si on vous le demande, vous êtes toujours d'accord pour aider pour les devoirs !

4. Mamie nature

Vous vivez à la campagne, aimez les grandes balades en forêt, dans la montagne ou sur la plage. Avec vous, on s'oxygène ! Et on apprend tous les noms des fleurs, des arbres et des coquillages. Qui est partant pour aller à la cueillette des champignons ?

5. Mamie voyages

Vous avez décidé de profiter de votre retraite pour parcourir le monde ! Bien sûr, vous faites participer vos petits-enfants en leur offrant de nombreux objets et souvenirs locaux dont vous leur expliquez longuement l'intérêt ! Et vous avez instauré un rituel : pour ses 10 ans, vous emmenez chacun de vos petits-enfants seul en voyage avec vous. On en connaît qui sont heureux d'atteindre l'âge fatidique !

6. Mamie Top-Model

Votre objectif, défini il y a longtemps (quelques années ?), c'est d'avoir 40 ans toute votre vie. Vos semaines sont rythmées par les rendez-vous chez le coiffeur et l'esthéticienne, mais vous trouvez le temps néanmoins d'aller faire du shopping, surtout avec vos petites-filles, auxquelles vous répétez qu'il est essentiel de prendre soin de soi-même !

7. Mamie sportive

En ce moment, c'est zumba et yoga, l'année dernière c'était aquagym, et tous les samedis matin, c'est footing avec les copines. Vous êtes « à fond la forme » et surveillez aussi votre alimentation. Chez vous, pas de bonbons ! On mange sain, et on se bouge !

MAMIE QUOI D'AUTRE ?

Très souvent, les grands-mères sont qualifiées (ou se qualifient elles-mêmes) de « mamie gâteau », ou même « gaga ». Cette manière de dépeindre le fait de gâter ses petits-enfants ou d'être en extase devant eux s'applique à des types variés de grands-mères, qu'elles soient plus ou moins présentes. C'est aussi le signe de la magie de cette relation et de la joie qu'elle apporte aux petits et aux grands !

QUEL GRAND-PÈRE SUIS-JE ?

Mais non, on ne vous oublie pas ! Ce n'est pas parce que les sociologues ne se sont pas penchés sur votre cas que vous n'avez pas envie de définir, vous aussi, votre « famille » de grand-père ! Avis aux célibataires : vous pourrez ensuite définir des couples avec le style de grand-mère qui vous plaît le plus !

1. Grand-père jardin

Toujours à l'extérieur, même si vous n'avez qu'un balcon, vous tenez à transmettre votre main verte à vos petits-enfants ! Chez vous, ils apprennent à semer des graines de radis et, victoire ! découvrent que les légumes c'est tellement bon... quand on s'est chargé soi-même de leur culture et de leur récolte.

2. Grand-père bricolage

Votre atelier, c'est la caverne d'Ali Baba ! C'est aussi le repaire de vos petits-enfants pour y pratiquer des loisirs créatifs en tout genre, à partir de bouts de ficelles, restes de peinture et clous divers que vous pensez toujours à mettre de côté pour eux.

3. Grand-père gourmet

Chez vous, manger est un art ! Vous sensibilisez très tôt vos petits-enfants au goût des bonnes choses. Avec vous, on oublie le fast-food, et on part régulièrement découvrir les nouvelles bonnes tables des environs !

Au top avec les plus grands !

Les grands-pères sont souvent plus discrets durant la petite enfance et occupent ensuite une position de « partenaire de la grand-mère ». Lorsque les petits-enfants avancent en âge, les grands-pères deviennent plus présents, notamment par le biais d'activités communes (sport, bricolage, excursions, etc.).

4. Grand-père littérature

Chez vous, la bibliothèque, c'est une pièce entière. Vous y avez votre bureau et des rayonnages de livres pour enfants de tous âges. Les plus sages ont le droit de s'installer pour lire sur votre canapé qui sent bon le vieux cuir !

5. Grand-père jeux et câlins

Vous êtes du genre épicurien, persuadé qu'avec les petits-enfants, ne rien prévoir et s'adapter à eux, c'est toujours ce qu'il y a de mieux ! Vous avez cependant une armoire pleine à craquer de jeux de société et ne laisserez personne d'autre que vous leur apprendre les règles des échecs ou du jeu de dames !

6. Grand-père compète

Être le meilleur, cela a été votre fil rouge tout au long de vos études, puis de votre vie professionnelle. Vous tenez maintenant à transmettre le flambeau et êtes très présent auprès de vos petits-enfants à l'heure des devoirs. Idem aux abords des terrains de sport !

7. Grand-père célibataire (enfin, c'est compliqué !)

Toujours à la recherche de la femme de votre vie, vos péripéties amoureuses amusent même vos petits-enfants qui vous demandent en s'esclaffant si samedi « *vous pourrez les emmener au cinéma, à moins que vous n'ayez un rendez-vous avec une dame ?* »

LES GRANDS-PARENTS DE DEMAIN ?

Les nouvelles technologies vont tout révolutionner

On constate déjà l'impact des nouvelles technologies dans nos vies. Il est donc aisé de supposer que les techniques et moyens de communication influenceront de plus en plus votre relation avec vos petits-enfants. Sms, webcam, Skype, vont devenir des outils du quotidien que les tout-petits et leurs grands-parents, apprendront tous à maîtriser ! Vous êtes prêt(e) ?!

Témoignage

Annie, grand-mère de 3 petits-enfants

« On se forme souvent aux nouveaux outils parce que l'on veut communiquer avec nos petits-enfants. Ce fut le cas pour mes parents, qui ont acheté leur premier ordinateur pour pouvoir envoyer des mails à mes enfants. À mon tour, je suis devenue une experte de Skype. »

Le retour de l'écrit ?

Avec Internet et la messagerie électronique, l'écrit revient. On le constate aussi simplement dans les commentaires Facebook (aïe, l'orthographe des ados!) et dans les blogs créés par des parents qui veulent ainsi faire participer les grands-parents, oncles, tantes et cousins qui vivent loin aux grands moments de la famille !

POUR L'INSTANT, PRÉDOMINANCE DES MODES DE COMMUNICATION TRADITIONNELS

Les modes de communication traditionnels restent prépondérants dans leurs échanges avec leurs petits-enfants (81 %) même s'il est à noter une proportion non négligeable de modes de communication modernes : 36 % des grand-mères communiquent avec leurs petits-enfants grâce au téléphone mobile. Le sms (8 %), l'e-mail (7 %) et la webcam (6 %) ne se sont pas encore démocratisés, et le chat reste anecdotique (2 %).

(Enquête IPSOS DRS 2009)

La famille de demain

Le vieillissement de la population, la situation économique et les évolutions technologiques devraient à l'avenir profondément modifier la typologie de la famille. Pourtant, les Français voient leur famille de demain comme celle d'aujourd'hui, mais en mieux !

Ils estiment que les relations seront les mêmes, mais que les modèles de famille devraient se diversifier (homoparentales, multiculturelles, etc.). 61 % des Français pensent que les innovations technologiques n'entraîneront pas de bouleversement majeur. Ce sont plutôt les changements démographiques comme l'allongement de la durée de vie et les problématiques liées à la dépendance qui devraient profondément changer les relations familiales. (Source : Ocirp.)

LE BONHEUR AVEC VOS PETITS-ENFANTS, ÇA S'APPREND !

Si on devient grand-mère en moyenne vers 54 ans, les nouveaux grands-parents se partagent véritablement en deux tranches d'âge : ceux qui ont moins de 65 ans et qui travaillent, et ceux qui ont plus 65 ans et sont à la retraite. À 65 ans, on est en général très heureux de devenir grand-parent, car les enfants sont partis depuis un certain temps, et parce que ses propres amis le sont déjà. À la cinquantaine, c'est différent. Les grands-parents doivent aider à la fois leurs propres enfants – les plus jeunes sont encore à la maison – et les nouveaux parents.

Y a-t-il une période idéale pour devenir grand-parent ?

Dès la retraite, les grands-parents sont disponibles pour le temps des loisirs, auxquels les actifs ont rarement accès : les mercredis après-midi au parc, les sorties d'écoles, le goûter, les dessins animés, les jeux et découvertes en tout genre... Les grands-parents disponibles peuvent ainsi faire partie de l'univers familier de l'enfant et même occuper une place privilégiée.

S'occuper de ses petits-enfants, c'est gratifiant

Les jeunes mères d'aujourd'hui ont besoin de plus d'aide que par le passé pour concilier carrière professionnelle et vie familiale. Bien sûr, tout dépendra du style de grand-mère, de sa disponibilité, de sa proximité géographique, de la qualité des relations entretenues et préservées avec ses propres enfants comme des relations nouées avec leur conjoint ou conjointe. Cela dépendra aussi des moyens du jeune couple. Celui qui pourra avoir une assistante maternelle, voire une employée à domicile, sollicitera moins ses parents, mais il aura tendance à le faire de toute façon car il est de plus en plus reconnu que l'épanouissement de l'enfant passe aussi par une relation suivie dès la première enfance avec ses grands-parents.

Ça permet de rester jeune et en bonne santé !

En plus, les petits-enfants, ça permet de rester jeune et en bonne santé ! Pour suivre un enfant dans ses jeux, il ne faut pas avoir peur de se dépenser physiquement ! Se rouler par terre, jouer à quatre pattes, lancer un ballon, marcher à côté d'un petit qui expérimente le vélo « avec petites-roues », c'est bon pour le corps et pour le cœur ! Le contact avec des enfants permet également de se stimuler intellectuellement ! Répondre à 100 questions/minute force à se remuer les méninges et à faire des recherches sur Internet et dans les livres !

Soyez affectueux

Une autre manière de montrer votre amour à vos petits-enfants est d'être tactile. Embrassez-les, serrez-les dans vos bras, caressez leurs cheveux. Lorsque vous êtes assis près d'eux, posez vos mains sur leurs épaules pour leur montrer que vous êtes proche d'eux. En grandissant, ils peuvent se montrer plus réservés, mais continuez à leur montrer votre affection. Soyez une source d'amour et de chaleur pour vos petits-enfants. Ainsi, ils viendront naturellement vers vous quand ils auront besoin de réconfort.

COMMENT S'AMÉLIORER EN PERMANENCE ?

Il est essentiel de passer du temps avec un tout-petit pour qu'il s'habitue à vous. À son contact, vous en saurez plus sur sa personnalité, ses attentes... et vous apprendrez aussi à identifier les besoins de ses parents, eux-mêmes expérimentant un nouveau rôle ! Laissez-vous le temps d'apprendre et vous deviendrez le grand-parent idéal, pour vos petits-enfants et leurs parents !

Gardez-les pour rendre service aux parents

Une vraie complicité

Si vous avez de bonnes relations avec vos enfants, proposez de garder votre petit-enfant régulièrement et pourquoi pas, si vous en avez envie, un soir par semaine ? C'est le meilleur moyen pour nouer une vraie complicité avec votre petit-enfant et en plus, vos enfants pourront sortir en couple !

C'est important néanmoins qu'ils aient en tête que vous n'êtes pas là pour apprendre à votre petit-enfant des règles qu'ils n'auront éventuellement pas su édicter... Vous êtes là uniquement pour vous amuser avec l'enfant... même si bien sûr, vous le coucherez à l'heure recommandée par ses parents !

Quelques attitudes positives adoptées naturellement par de nombreux grands-parents :

– **Se rendre disponibles le plus souvent possible** *pour leurs petits-enfants et leur manifester qu'ils sont particuliers.*
– *Être attentifs* **à rester proches d'eux**, *même à l'âge ingrat de l'adolescence !*
– **Partager des petits plaisirs au quotidien ou en vacances** *(lecture, vélo, jeux de société, bricolage...).*
– *Leur montrer à quel point ils font partie d'une* **histoire familiale**, *collective, d'une culture.*
– **Leur transmettre**, *de façon ludique, les grands récits, les valeurs et les traditions.*
– **Favoriser les contacts entre les générations** : *organisation de fêtes familiales, de rassemblements...*
– *Insister auprès d'eux sur* **la valeur de leur père et de leur mère.**

Planifiez des activités

Que vous gardiez vos petits-enfants chez eux ou chez vous, essayez parfois de planifier des activités avant qu'ils n'arrivent. Ainsi, ils arriveront équipés pour une sortie en plein air ou un plongeon à la piscine municipale !

Essayez de faire avec vos petits-enfants des activités qu'ils ne font pas habituellement avec leurs parents !

> **Témoignage**
>
> ***Nathalie, grand-mère de 2 petites-filles***
>
> *« Nos petits-enfants bougent beaucoup moins que nous petits ! Ils vivent à l'intérieur. C'est important de les faire sortir et bouger, pour développer leur équilibre. »*

Ou au contraire, ne prévoyez rien !

Vous pouvez aussi « vivre votre vie » et laisser vos petits-enfants observer ce que vous faites normalement lorsque vous vous occupez de votre côté. Souvent, ils vont s'intéresser et demanderont à vous aider, tout en ayant des conversations très intéressantes. Ils peuvent aimer vous regarder cuisiner, vous aider à jardiner, promener le chien ou même regarder avec vous votre émission de télé préférée (si elle n'est pas interdite aux moins de 18 ans, bien sûr !).

Vous regarder cuisiner

Ne vous mettez pas systématiquement la pression pour qu'ils vivent toujours des journées inoubliables avec vous !

> **Témoignage**
>
> ***Danielle, grand-mère de 4 petits-enfants***
>
> *« Je ne dis jamais non… même les jours où ça ne m'arrange pas vraiment de garder mes petits-enfants. Ça me fait tellement plaisir de passer du temps avec eux… et puis ils grandissent tellement vite ! »*

JULES M'A DEMANDÉ DE FAIRE L'ANIMATEUR POUR SON ANNIVERSAIRE.

10 CONSEILS DE SUPER GRANDS-PARENTS

Vous voulez devenir l'idole de vos petits-enfants ? Voici quelques trucs et astuces imparables, testés par des grands-parents expérimentés !

1. Investissez-vous !

Il n'y a pas de secret, un super grand-parent doit s'investir ! Proposez votre aide pour garder les enfants ou les accompagner à leurs activités. Attention cependant à ne pas précéder la demande... On vous répondrait que vous devenez envahissant ! Concernant l'éducation des enfants, les points de vue des parents, etc. : restez neutres !

SOUVENEZ-VOUS DES ANNIVERSAIRES

Les enfants adorent les anniversaires. C'est leur jour à eux ! Si vous ne pouvez être là, envoyez-leur un cadeau accompagné d'une carte... Essayez de vous y prendre à l'avance : si le colis arrive trop tôt, il sera caché quelques jours avec la complicité des parents. S'il arrive trop tard, pas de rattrapage possible ! Et bien sûr, si vous pouvez être présent pour aider le petit à souffler ses bougies, il en sera ravi !

2. Gérez la compétition...

Vos petits-enfants ont plusieurs grands-parents (entre 4... et 8 parfois !) et ils ont tendance à comparer (« *Mamina, elle fait des super gâteaux, elle.* »). Ne vous épuisez pas à surenchérir ! Restez-vous même avec vos compétences et talents personnels. N'hésitez pas d'ailleurs à demander à vos petits-enfants ce que vous « *faites mieux, vous* » !

3. Préparez des repas « de grand-mère »

Quand des adultes évoquent leurs grands-parents, ils ont tendance à parler des « *délicieuses crêpes de Mémé Germaine* » ou de la « *soupe de légumes de Mémé Eugénie, qui était tellement bonne* ». Si vous voulez votre place dans l'Histoire de la famille, il vous faudra enfiler le tablier et miser sur les recettes traditionnelles, que vous soyez une grand-mère ou un grand-père, parce qu'aujourd'hui, en cuisine, on prône l'égalité !

4. Gardez la forme

Vos petits-enfants adorent que vous les emmeniez en balade : vous à pied, eux à vélo, ou plus tard, en rollers ! Pour les suivre, il faut absolument garder la forme. Pour cela, deux principes essentiels : une activité physique régulière et une alimentation équilibrée.

Témoignage

Annie, grand-mère de 3 petits-enfants

« Quand on couche les petits pour la sieste, on a tendance à vouloir faire tout ce qui avait été laissé de côté dans la maison : rangement, vaisselle... Et quand ils se réveillent, on se rend compte qu'on est épuisé. Il faut savoir se reposer au même moment qu'eux ! »

5. Devenez manuelle/bricoleur

S'ils aiment les jouets en plastique et les jeux vidéo, vos petits-enfants apprécieront aussi les loisirs créatifs et le bricolage si vous prenez la peine de les initier ! Apprenez-leur à tricoter, à broder, montrez-leur comment on peint un petit meuble... Ils seront très fiers de leurs œuvres !

6. Branchez-vous !

Attention, ce n'est pas parce que vous bricolez ou faites des loisirs créatifs qu'il ne faut pas être technophile pour autant ! Aujourd'hui, un ordinateur connecté au Wi-fi et un smartphone sont indispensables pour discuter via Skype, s'envoyer des sms ou des textos ! Et pourquoi ne pas créer un blog privé pour y partager en famille les photos des moments passés avec les petits ?

Témoignage

Solange, grand-mère de 6 petits-enfants

« Avec mes petites-filles adolescentes, on s'envoie des sms plusieurs fois par semaine. Elles m'ont même appris à faire des selfies ! »

7. Devenez les confidents

Vos petits-enfants ont besoin d'une oreille attentive, d'être écoutés sans qu'on les juge et qu'on leur donne des conseils avisés, notamment sur des points qu'ils n'osent pas aborder avec leurs parents. Cela deviendra encore plus important à l'adolescence. Alors montrez-vous disponibles et attentifs !

8. Jouez les médiateurs

Votre petit-enfant est inquiet parce que ses parents se disputent, il vit mal un divorce, il rencontre des problèmes à l'école... Vous pourrez alerter les parents et ainsi aider à résoudre conflits et problèmes.

9. Apportez votre aide quand c'est nécessaire

Le fait que vous soyez « en-dehors, mais à côté » vous permettra parfois d'identifier les problèmes... avant qu'ils ne deviennent graves. Un enfant qui se renferme subitement, un autre qui vous confie qu'il ne veut plus aller à l'école, ce sont des alertes qu'il ne faut pas laisser passer. Là encore, il faudra prévenir les parents, qui ne se seront pas forcément rendu compte de la situation.

Témoignage

Nathalie, grand-mère de 2 petits-enfants.

« Les grands-parents ont un réseau assez développé ! Avec le temps (et 5 enfants !), je me suis constitué un carnet d'adresses qui est aujourd'hui utile pour mes petits-enfants ! Je peux proposer de bonnes adresses, dans toute la France, que ce soit pour des problèmes d'allaitement ou de dyslexie ! »

10. Poursuivez votre vie

Ne changez pas tout dans votre vie parce que vous devenez grand-parent ! La meilleure chose à faire est de conserver vos habitudes, tout en aidant les parents autant que possible. Continuez à voir vos amis et consacrez du temps à vos centres d'intérêt, si vous voulez vous épanouir en tant que grand-parent !

Témoignage

Annie, grand-mère de 3 petits-enfants

« Le temps passe très vite, il faut profiter de ses petits-enfants tout de suite, sans attendre. Prendre les choses comme elles viennent et vivre l'instant. Avoir 36 objectifs, c'est le meilleur moyen de n'en atteindre aucun ! »

BIBLIOGRAPHIE

À offrir à vos enfants jeunes parents !

- *Le Guide décapant des parents imparfaits -Votre bébé de 0 à 3 ans* – Candice Kornberg Anzel et Camille Skrzynski (Marabout)
- *Le Guide du super futur papa* – Benjamin Perrier (Mango)
- *La Mère parfaite est une mytho !* –Virginie Duplessy Editions de l'Opportun
- *Les Enfants d'aujourd'hui : Quoi de neuf chez les 0-7 ans ?* – Boris Cyrulnik, Myriam Szejer, Bernard Golse, Brigitte Canuel (Marabout)
- *Être père, une place à prendre au quotidien* – Olivier Foissac (Mango)
- *Être parent aujourd'hui : Amour, bon sens, logique* – Alain Braconnier (Odile Jacob)
- *Parents efficaces au quotidien* – Thomas Gordon (Marabout)
- *100 activités avec papa* – Gilles Diederichs (Mango)

Pour tout savoir sur l'éducation aujourd'hui

- *Lettre aux grandes personnes sur les enfants d'aujourd'hui* – Philippe Meirieu (Rue du Monde)
- *Le Cerveau de votre enfant : Manuel d'éducation positive pour les parents d'aujourd'hui* – Daniel Siegel et Tina Payne Bryson (Les Arènes)
- *Parler pour que les enfants écoutent, écouter pour que les enfants parlent* Adèle Faber et Elaine Mazlish (Editions du Phare)
- *Accompagner l'éveil psychomoteur de bébé, le bien-être du tout-petit* – Pascale Pavy et Cyrielle Rault (Mango)
- *Pour une enfance heureuse, repenser l'éducation à la lumière des dernières découvertes sur le cerveau* – Catherine Gueguen (Robert Laffont)

Pour accompagner vos petits-enfants au quotidien

- *Toutes les réponses aux questions des enfants* – Sophie de Menthon, Alexia Delrieu (Gallimard jeunesse)
- *Bonnes manières d'hier et d'aujourd'hui* – Carole Hardouin et Sabine Jeannin (Rustica Editions)
- *Comprendre les émotions de nos enfants* – Robert Zuili (Mango)
- *Au cœur des émotions de l'enfant : Comprendre son langage, ses rires et*

ses pleurs* – Isabelle Filliozat (JCLattès)

- *« Maman, j'aime pas l'école » : Les enfants d'aujourd'hui dans l'école de demain* – avec la contribution de Fabrice Bak (L'Harmattan)
- *Le Guide de la famille recomposée* – Potache et Laurent Bordier (Vents d'Ouest)

Pour mieux connaître les préados et les ados

- *Les psy-trucs : Pour les préados de 9 à 12* – Suzanne Vallières (Éditions de l'homme)
- *Mon ado et moi : Le comprendre pour mieux s'entendre* – Jean-Luc Aubert (Odile Jacob)

Des idées pour les activités d'éveil et les loisirs

- *Les activités d'éveil des tout-petits* – Aldjia Benammar (Fleurus)
- *Jeux pour apprendre* – Bénédicte Denizot (Eyrolles)
- *Qui veut jouer avec moi ?* Lawrence J. Cohen (JC Lattès)
- *50 activités nature avec les enfants : Petites créations au fil des saisons* - Marie Lyne Mangilli Doucé (Terre Vivante)
- *Les mathématiques ludiques* – Delphine Thibault (Mango)

Astuces pour l'aide aux devoirs

- *J'aide mon enfant à faire ses devoirs : Méthodes, outils et conseils pour coacher son enfant* – Anne Gramond (Eyrolles)

Quand vous les emmenez en vacances

- *Petit Futé : Vacances avec les enfants* – Collectif (Les Nouvelles Éditions de l'Université)

AUX ÉDITIONS MANGO

Famille complice

Petit décodeur

Aider à grandir

Parents aujourd'hui